Geprüfter Handelsfachwirt *to go*

Peter Collier, Helmut Bergup, Doris Bredehöft, Marcus Curtius, Rolf H. Stich, Daikan J. Westerbarkey, Volker Wedde

Geprüfter Handelsfachwirt *to go*

Das komprimierte Fachwissen auf 111 Seiten!
3., vollkommen überarbeitete Auflage

weConsult

Umschlaggestaltung: Anita Schreiner, Würzburg
weConsult-Verlag, 97222 Rimpar/Würzburg
www.weconsult-verlag.de
Satz: Christian Wöhrl, Hoisdorf
Druck: cpi-books GmbH, Leck
Auslieferung: Medien-Service Runge GmbH, 33803 Steinhagen
Tel. 05204-998-0, msr@RungeVA.de
ISBN 978-3-948633-26-4

Fasse Dich kurz ...

So stand es früher auf allen Telefonzellen. Und nach dieser Devise haben wir auch dieses Buch entwickelt: Es enthält einen Extrakt des 929 Seiten starken Lehrbuchs „Geprüfter Handelsfachwirt" auf 111 Seiten. Wer

- nach einem Seminar noch einmal kurz die wesentlichen Inhalte zum besseren Behalten nacharbeiten will,
- sich zur Vorbereitung auf die Prüfung einen Stoff ins Gedächtnis zurückholen will,
- nochmals nach kurzen, griffigen Beschreibungen sucht,

dem kann dies Buch eine Hilfe bieten.

Trotz aller Kürze enthält das Buch auch weiterhin mehr als eine Auflistung von Stichworten. Allein mit Stichworten bildet sich im Gedächtnis kein Netz der Erinnerung. Und eine Ansammlung reiner Stichworte motiviert nicht zum Lesen!

Wir wünschen Ihnen viel Erfolg. Wenn Sie uns Ihre Erfahrungen schreiben, bedanken wir uns mit einer kleinen Aufmerksamkeit.

Peter Collier und das Autorenteam

Inhalt

1. Unternehmensführung und -steuerung 9
1.1. Voraussetzungen, Chancen und Risiken der unternehmerischen Tätigkeit 9
1.2. Geschäftsidee und Businessplan 9
1.3. Unternehmensorganisation 11
1.4. Die Managementaufgaben im Unternehmen 13
1.5. Das betriebliche Rechnungswesen 14
1.6. Aufgaben, Bereiche und Ziele des Controllings 18
1.7. Finanzierung 20
1.8. Risikomanagement, Qualitätsmanagement und Umweltmanagement 22
1.9. Rechtsfragen zur Unternehmensführung 24

2. Führung, Personalmanagement, Kommunikation und Kooperation 26
2.1. Führungsgrundsätze und Führungsmethoden 26
2.2. Zeit- und Selbstmanagement 27
2.3. Personalmarketing, Personalauswahl und -einstellung 29
2.4. Planen und Durchführen der Berufsausbildung 30
2.5. Die Beurteilung 33
2.6. Personalbedarfs-, Personalkosten- und Personaleinsatzplanung 34
2.7. Planen und Organisieren von Qualifizierungsmaßnahmen 35
2.8. Personalkennziffern 36
2.9. Entgeltsysteme 36
2.10. Entwicklung von Mitarbeitern, Teambildung, Mitarbeitergespräche 37
2.11. Kommunikation, Präsentations- und Moderationstechniken 40
2.12. Arbeits- und Gesundheitsschutz 41
2.13. Ausgewählte arbeitsrechtliche Bestimmungen 42

3. Handelsmarketing 46
3.1. Marketing: Vom Markt her denken 46
3.2. Handelsrelevante Entwicklungen 46
3.3. Entwicklung, Formen und Perspektiven der Kooperationen 47
3.4. Markt-/Zielgruppenanalysen und Marketingstrategien 48
3.5. Sortimentsgestaltung 56
3.6. Verkaufsförderung und Servicepolitik 58
3.7. Verkaufsflächengestaltung und Warenpräsentation mit Visual Merchandising · 59
3.8. Die Werbekonzeption 61
3.9. Die Öffentlichkeitsarbeit (Public Relations) 63
3.10. E-Commerce 64
3.11. Märkte und Marketingstrategien 66
3.12. Der Marketing-Mix 70
3.13. Controlling der Marketingaktivitäten 70
3.14. Grundlagen des Wettbewerbsrechts 70
4. Beschaffung und Logistik 73

4.1. Ermitteln des Bedarfs an Waren und Dienstleistungen 73
4.2. Beschaffungs- und Logistikprozesse 75
4.3. Die Wertschöpfungskette (Supply Chain Management) 77
4.4. Efficient Consumer Response (ECR) 80
4.5. Transport- und Entsorgungsprozesse 81
4.6. Lagerprozesse 84
4.7. Kaufrecht und Erfüllungsstörungen 87

5. Vertriebssteuerung 91
5.1. Vertriebsstrategien 91
5.2. Flächenoptimierung 95
5.3. Kundenbedürfnisse und Kundenverhalten 96
5.4. Preis- und Konditionenpolitik im Handel 99
5.5. Preispolitische Strategien 99

6. Handelslogistik ... 101
6.1. Planen, Steuern, Kontrollieren und Optimieren der Logistikkette ... 101
6.2. Aushandeln von Vertragskonditionen und Vergabe von Aufträgen ... 104
6.3. Umsetzen der Transportsteuerung und von logistischen Lösungen ... 105
6.4. Transportsteuerung und ganzheitliche logistische Lösungen ... 105
6.5. Bewerten von logistischen Investitionen ... 106

7. Einkauf ... 107
7.1. Entwickeln von Einkaufsstrategien ... 107
7.2. Sortimentsstrategie ... 108
7.3. Auswählen von Lieferanten und Beschaffungswegen ... 109
7.4. Verhandlungsstrategien ... 112
7.5. Lieferantenbewertungen mit einer Nutzwertanalyse ... 112

8. Außenhandel ... 113
8.1. Anbahnung von Außenhandelsgeschäften ... 113
8.2. Außenhandelsrisiken und Geschäfte zur Risikominderung ... 113
8.3. Spezielle rechtliche Aspekte für den Außenhandel ... 114
8.4. Rechtliche Bestimmungen des Zollwesens ... 114
8.5. Umsatzsteuerliche Behandlung von innergemeinschaftlichem Warenverkehr ... 115
8.6. Transport, Lagerung und Versicherungen ... 115
8.7. Handels- und Zollpapiere ... 118
8.8. Zahlungsverkehr, Zahlungsbedingungen und Finanzierung von Außenhandelsgeschäften ... 118
8.9. Garantien und Bürgschaften ... 119
8.10. Zölle, Verbrauchsteuern, Handelshemmnisse und Organisationen zu ihrer Überwindung ... 119

Index ... 120

1. Unternehmensführung und -steuerung

1.1. Voraussetzungen, Chancen und Risiken der unternehmerischen Tätigkeit

Jede Existenzgründung birgt Chancen und Risiken. Die Chancen liegen auf der Hand: Man wird sein „eigener Herr“, kann das Unternehmen frei gestalten und Hobby und Beruf zusammenbringen; man kann vielleicht auch finanziell gewinnen. Ein Risiko ist, dass der Umsatz zur Deckung der Kosten und des eigenen Unterhalts nicht ausreichen könnte. Das kann z.B. am scharfen Wettbewerb liegen, an einer sich ändernden Nachfragestruktur oder Standortqualität. Auch persönliche Risiken (Krankheit, Unfall, Betriebsunterbrechungen, Berufsunfähigkeit) und betriebliche Risiken (Elementarschäden, Schadensfälle bei Kunden, Unfälle von Mitarbeitern) müssen abgesichert werden.
Persönliche Voraussetzungen: Man sollte sich einige grundlegende Fragen stellen, wie: Habe ich auch in schwierigen Phasen starke Nerven? Kann ich begeistern? Stelle ich mich auch unangenehmen Gesprächen und Situationen? Kann ich auf eine scharfe Trennung zwischen Freizeit und Beruf verzichten? Habe ich gern mit den Menschen zu tun, wie es meine Kunden sein werden? Bin ich ausdauernd und zielstrebig?
Fachliche Anforderungen: Verfüge ich über die notwendigen Fachkenntnisse? Kenne ich mich im Kaufmännischen ausreichend aus? Habe ich das Führungswissen und die notwendigen Produktkenntnisse?
Ein „Nein“ bedeutet zwar nicht das Aus der Idee, zeigt aber, wo Voraussetzungen fehlen, die aufzuholen sind.

Beachtet werden müssen auch die erforderlichen **Anmeldungen und Genehmigungen**: Gewerbeanmeldung, ggf. Eintragung ins Handelsregister, Anmeldungen beim Finanzamt, in der Berufsgenossenschaft, in der Krankenkasse.

1.2. Geschäftsidee und Businessplan

Ein Geschäft machen bedeutet, mit einer Idee dauerhaft mehr Geld zu verdienen, als man investiert. Der **Businessplan** fasst die Geschäftsidee zu einem genauen Konzept zusammen.
Qualitative Bestandteile zeigen wie die Chancen für die Geschäftsidee auf dem Markt genutzt werden können. Dabei konkretisiert man das eigene Angebot mit seinen Besonderheiten. Es sollte unverwechselbar sein, eine Unique Selling Proposition besitzen.). Der Businessplan gibt auch Auskunft über die angesprochenen Zielgruppen, die Abgrenzung des eigenen Tätigkeitsbereichs (inhaltlich und geographisch) sowie das aktuelle Marktvolumen und seine Entwicklung. Betrachtet werden zudem die Wettbewerber (Anzahl, Größe, Markt-

bedeutung, etc.), vorhandene Marktlücken und Marktpreise. Zu berücksichtigen sind dabei externe Bedingungen, wie

- gesetzliche Vorschriften und
- technische und soziale Entwicklungen.

Einen wichtigen Bereich des Businessplans nehmen auch die absatzpolitischen Instrumente und ihre Verzahnung in der Marketingkonzeption ein (z.B. Distributionswege, Sortiment, Preisgestaltung und Kommunikation).

Zu den **quantitativen Bestandteilen** des Businessplans gehört die Finanzierung (*s. hierzu Kapitel 1.7*). Vor der Existenzgründung ist zunächst der **Kapitalbedarf** zu ermitteln. Der fällt im Handel vor allem für

- den Anfangswarenbestand,
- die Ladeneinrichtung,
- ggf. das Gebäude,
- die Gründungskosten, aber auch
- die Anlaufkosten an.

Der **Finanzierungsplan** zeigt sodann, mit welchen Finanzierungsmitteln der Kapitalbedarf gedeckt werden soll. Der **Ertragsplan**) stellt die geplanten Umsatzerlöse dem Wareneinsatz, den Aufwendungen gegenüber und ermittelt damit das Betriebsergebnis. Der **Liquiditätsplan** stellt die erwarteten Einnahmen und Ausgaben einer Periode (Woche, Monat) gegenüber und bildet damit die Zahlungsfähigkeit (Liquidität) ab.

Auch eine **Geschäftsübernahme** erfordert eine genaue Vorbereitung: Bekanntheit am Markt, bestehende Kunden- und Lieferantenbeziehungen, vorhandene Betriebsräume und ein Mitarbeiterteam können ein Vorteil sein – aber auch ein Nachteil, wenn z.B. die Räume eine Auffrischung benötigen oder mittelmäßige Mitarbeiter nach § 613a BGB übernommen werden müssen. Auch der immaterielle **Firmenwert** ist zu berechnen. Die Bewertung eines bestehenden Unternehmens kann nach der **Substanzwert- und die Ertragswertmethode** erfolgen. Erstere geht von den aktuellen Vermögens- und Schuldenwerten aus, während die zweite zukunftsorientiert fragt, welchen Ertrag das Unternehmen auf Basis der Vergangenheitswerte erreichen kann.

Beim **Unternehmenskauf** geht das Eigentum gegen Zahlung eines Kaufpreises oder einer Rente auf den Nachfolger über. Bei der **Pacht** stellt der Verpächter Geschäftsräume, Einrichtung und sämtliche Rechte gegen Zahlung eines Pachtzinses zur Verfügung. Ein Pachtvertrag wird auf eine bestimmte Zeit abgeschlossen.

Das **Outsourcing** bietet eine Chance, wenn ein Unternehmen eine Funktion nicht mehr wahrnehmen kann. Die Gründe können vielfältig sein: Spezialisten können eine Funktion besser erfüllen, Kapazitäten müssen nicht ständig bereitgehalten werden (geringere Fixkosten) und das Unternehmen kann sich auf die Kernaufgaben und seine besonderen

Stärken konzentrieren. Damit können aber auch negative Folgen verbunden sein: Verlust an Kompetenz; keine neuen Erfahrungen; Abhängigkeit von der Qualität des Partnerunternehmens und eine geringere Kundenbindung.

Lieferanten- und Sortimentsauswahl spielen im Businessplan auch unter dem Aspekt der Konditionen im Einkauf eine entscheidende Rolle: Rabatte werden mit steigendem Auftragsvolumen höher. Zudem steigen die Chancen auf anderweitige Unterstützung wie besondere Sortimente zur Eröffnung, Material für die Ladengestaltung, Zuschüsse zu den Werbekosten. Andererseits steigt damit die Abhängigkeit vom Lieferanten.

Bei der **Preisgestaltung** ist eine sorgfältige und vorsichtige Kalkulation, die keine Kosten außer Acht lässt, unverzichtbar. Die **Kostenkalkulation** ist jedoch nur ein Teil der Preisfindung. Die Analyse der Preise der Mitbewerber und der **Preisbereitschaft** der Kunden sind genauso wichtig. *(Hierzu mehr in Kap. 1.5)*

1.3. Unternehmensorganisation

Organisation bezeichnet ein System von Regeln für Zuständigkeiten und Abläufe im Unternehmen. Wiederkehrende Vorgänge und Abläufe müssen organisiert werden. Abzugrenzen sind die

- **Aufbauorganisation**, die
- **Ablauforganisation** und die
- **Informationsorganisation** (Sammeln, Weitergabe und Speichern von Informationen).

Jede Organisation muss zweckmäßig, wirtschaftlich, übersichtlich, dauerhaft und flexibel sein.

Für die Entwicklung einer Organisation werden zunächst alle Aufgaben untersucht und in einzelne Schritte zerlegt werden (**Aufgabenanalyse**), um sie danach wieder sinnvoll zu gruppieren und zu ordnen (**Aufgabensynthese**). Eine Differenzierung kann nach dem Prinzip

- **Verrichtung** (z.B. Beschaffung, Absatz),
- **Objekt** (Produkt, Kunden), aber z.B. auch nach
- **benötigten Hilfsmitteln,**
- **dem Ort** der Tätigkeit oder dem
- **Rang** in der Hierarchie erfolgen.

Da sich nicht jeder denkbare Einzelfall vorab regeln lässt, muss die Organisation Raum für Flexibilität lassen: Mit der **Disposition** lassen sich innerhalb der Organisationsstrukturen Anpassungen an die konkreten Verhältnisse umsetzen. Die **Improvisation** ist die kurzfristige Reaktion auf eine nicht vorhergesehene und nicht geregelte Situation. Es ist Aufgabe der Führung, die zunächst fallweise Entscheidung für den Wiederholungsfall durch eine generelle Regelung zu ersetzen (**Substitutionsprinzip**).

Die **Aufbauorganisation** bildet die Struktur eines Unternehmens ab. Kleinste Organisationseinheit ist die **Stelle**.

Das gehört in eine **Stellenbeschreibung:**
- Stellenbezeichnung,
- Anforderungen an den Stelleninhaber
- Ziele der Stelle
- Aufgaben und Kompetenzen
- Über- und Unterstellung,
- Stellvertretung
- Beziehungen zu anderen Stellen

Damit liefern Stellenbeschreibungen klare und nachvollziehbare Abgrenzungen zwischen den verschiedenen Aufgabenbereichen. Die Stellen und ihre Kommunikations- und Entscheidungswege werden in einem **Organigramm** dargestellt.
In einem **Ein-Linien-System** hat jede Stelle nur eine vorgesetzte Stelle (Vorteil: klare und überschaubare Regelung, Nachteil: lange Entscheidungswege, Überlastung der Führungsebene).
In **Stab-Linien-Systemen** werden zusätzlich **Stabsstellen** mit einer beratenden Funktion gebildet. (z.B. Stabsstelle Recht).
Das **Mehr-Linien-System** ordnet einer Stelle je nach Aufgabenbereich mehrere Vorgesetzte zu. Damit können die Stelleninhaber die jeweils zuständige Instanz direkt ansprechen.
Eine mehrdimensionale Organisation wird z.B. mit einer **Matrixorganisation** dargestellt, bei der einer Aufgabe zwei Entscheidungskompetenzen zugeordnet werden (z.B. verrichtungs- und objektorientiert). Kommt eine weitere Dimension, z.B. die Einteilung nach Kundengruppen hinzu, spricht man von einer **Tensororganisation.**

Die **Ablauforganisation** soll Prozesse bestmöglich aufeinander abstimmen, die oftmals nacheinander oder nebeneinander ablaufen. Zeit und Reihenfolge der Tätigkeiten spielen hier die entscheidende Rolle. Dazu bedient sich die Ablauforganisation verschiedener, meist graphischer Darstellungsformen. Im einfachsten Fall genügen **Balkendiagramme,** bei denen jeder Balken für einen in sich abgeschlossenen Vorgang steht und die Länge der Balken den Zeitbedarf ausdrückt. Für die Darstellung logischer Verknüpfungen eines Prozesses sind **Fluss-Diagramme** geeignet, die auch zur Visualisierung von Programmabläufen verwendet werden. Die flexibelsten Möglichkeiten bieten **Netzpläne,** bei denen jede Tätigkeit durch ein Symbol dargestellt wird, in dem die Nummer der Tätigkeit, ihr frühester und ihr spätester Beginn sowie ihr Zeitbedarf angegeben sind. Die Verbindungslinie zwischen den Tätigkeiten, bei denen kein Zeitpuffer besteht, nennt man den **kriti-**

schen Pfad; eine Verzögerung auf diesem Pfad kann nicht aufgefangen werden und verursacht eine Verschiebung des geplanten Endes.

Zwischen Handelsunternehmen spielen **Kooperationen** eine immer größere Rolle, die je nach Art und Intensität auch Einfluss auf die eigene Organisation haben. Sie können gebildet werden als **horizontale Kooperation** zwischen Unternehmen auf der gleichen Wirtschaftsstufe, als **vertikale Kooperation** zwischen Unternehmen vor- bzw. nachgelagerter Wirtschaftsstufen und als **laterale Kooperation** zwischen Unternehmen verschiedener Branchen bzw. unterschiedlichen Betätigungsfeldern.

1.4. Die Managementaufgaben im Unternehmen

Das **Management** nimmt Aufgaben zur Erreichung, Umsetzung, Anleitung und Kontrolle der Unternehmensziele wahr. Je nach Hierarchiegrad unterscheidet man Top-, Middle- und Lower-Management, denen damit **lang-, mittel und kurzfristige Ziele** zugeordnet werden.
Das langfristig ausgelegte **Leitbild** eines Unternehmens soll Auskunft darüber geben, welche grundsätzliche Aufgabe das Unternehmen für sich in den Mittelpunkt stellt, welche Vision es verfolgt und welchen Werten es verpflichtet ist. Damit liefert es die Grundlage für ein klares Selbstbild, die **Corporate Identity** (CI). Damit wird das Unternehmen nicht nur in der Öffentlichkeit wahrgenommen, es bietet auch den Mitarbeitern eine Identifikationsmöglichkeit. Diese CI drückt sich in verschiedenen Bereichen aus wie Corporate Design (Erscheinungsbild mit Logo, Schriftart und Farben), Corporate Behaviour (Stil im Verhalten), Corporate Communication (Kommunikation) oder Corporate Governance (Verhaltensregeln für das Management).

Aus der **Vision** ergeben sich die langfristigen Unternehmensziele (**strategisch**), aus denen sich mittelfristige Ziele (**taktisch**) und kurzfristige Maßnahmen (**operativ**) ableiten. Für die Zielformulierung gelten stets die Anforderungen der **SMART - Formel** ausgedrückt werden: Ziele müssen Spezifisch – Messbar – Akzeptiert/Attraktiv – Realistisch – Terminiert sein. So existieren in Unternehmen eine ganze Reihe mittel- und kurzfristiger **Ziele** (Marktziele, Effizienzziele, Strukturziele, soziale Ziele).
Das Management muss der Gefahr begegnen, dass sich Ziele widersprechen und miteinander konkurrieren. Idealerweise sollen Ziele komplementär zueinander sein und sich ergänzen.
Um **langfristige Ziele** zu erreichen, müssen in der **strategischen Planung** vorausschauende Festlegungen getroffen werden. Planung ist ein Prozess, um die Zukunft zu gestalten. Der Prozess lässt sich in die Schritte des Management-Regelkreises zerlegen. Eine Kernaufgabe ist, den Grad der Unsicherheit zu verringern, indem alle Faktoren, die Einfluss auf die Zielerreichung haben, frühzeitig analysiert und berücksichtigt werden.

Aus den Zielen der strategischen Planung werden über die **operative Planung** konkrete Handlungsanweisungen abgeleitet, die zur Erreichung der Unternehmensziele beitragen. Die operative Planung hingegen beinhaltet dabei nicht nur deren Umsetzung, sondern auch die Kontrolle der strategischen Planung. Hier zeigt sich, ob die strategischen Entscheidungen umsetzbar sind: Es erfolgt eine Zusammenfassung der operativen Ergebnisse, die vom Detail zum Gesamtüberblick führt (Bottom Up). Das Gegenstromverfahren ergibt damit die Erkenntnis, ob die Strategie mit den Ressourcen durchführbar ist. Ergeben sich Differenzen, muss die Grundlage erneut geprüft werden.

1.5. Das betriebliche Rechnungswesen

Im **Rechnungswesen** werden alle im Betrieb auftretenden Geld- und Leistungsströme mengen- und wertmäßig erfasst, überwacht und dokumentiert: Extern werden Anteilseigner, Gläubiger, Banken, Lieferanten, Finanzamt über die Lage des Unternehmens informiert; diese Informationen erfolgen zum Teil aufgrund gesetzlicher Vorschriften. Für interne Zwecke ermöglichen die Zahlen des Rechnungswesens eine laufende Überwachung von Wirtschaftlichkeit, Rentabilität und unternehmerischen Entscheidungen.

Die **Finanzbuchhaltung** erfasst alle Geschäftsvorfälle in chronologischer Reihenfolge für den Jahresabschluss. Die **Bilanz** ist eine Abschlussrechnung des Vermögens (Aktiva) und des Kapitals (Passiva) zu einem bestimmten Stichtag. Die **Gewinn- und Verlustrechnung** (G+V), ist eine Gegenüberstellung von Aufwendungen und Erträgen einer Periode.

Die **Kosten- und Leistungsrechnung** dient betriebsinternen Zwecken:

1. Kontrollfunktion: Kostenkontrollen innerbetrieblicher Kostenarten und Kostenstellen (Zeitvergleich / Betriebsvergleich)
2. Entscheidungsgrundlage bei der Preisfindung: Selbstkosten- und Angebotskalkulation, Bewertung der Bestände
3. Statistik: Auswertung des Zahlenmaterials (z.B. Umsätze, Kosten, Gewinn mehrerer Perioden, Kennzahlen)
4. Planungsrechnung: Daten für Planung zukünftiger Entwicklungen

Kalkulatorische Kosten sind Kosten, denen in der G+V keine Aufwendungen gegenüberstehen:

- Zusatzkosten wie z.B. Unternehmerlohn oder die mit anderen Werten in der G+V stehenden
- Anderskosten wie z.B. kalk. Abschreibungen.

Ordentlicher Ertrag ist betriebsbedingt verursacht, z.B. Umsatzerlöse eines Handelsunternehmens in der Berichtsperiode. **Ordentlicher Aufwand** (Zweckaufwand) ist betriebsbedingt in der Berichtsperiode verursacht. **Neutrale Erträge und Aufwendungen** dienen nicht unmittelbar dem Betriebszweck oder sind in einer anderen Periode entstanden.

Gliederung der Kosten- und Leistungsrechnung

- Vollkostenrechnung
- Istkostenrechnung: Basis sind die tatsächlich entstandenen Kosten einer Zeitperiode.
- Normalkostenrechnung: Basis sind die durchschnittlichen Istkosten mehrerer Perioden.
- Plankostenrechnung: Basis sind geplante Kosten für eine Periode.
- Die Prozesskostenrechnung ordnet die Kosten den verursachenden Prozessen zu und zeigt die Kostentreiber.

Übersicht der gebräuchlichen Kostenbegriffe in der Kostenrechnung:

Bezeichnung	**Definition**	**Zuordnung**
Grundkosten	Aufwandsgleiche Kosten (z.B. Löhne /Gehälter)	Vollkostenrechnung
Anderskosten	Aufwandsungleiche Kosten (z.B. Abschreibungen)	Vollkostenrechnung
Zusatzkosten	Aufwandlose Kosten (z.B. kalk. Unternehmerlohn)	Vollkostenrechnung
Einzelkosten	Werden dem Produkt direkt zugeordnet (Material)	Vollkostenrechnung
Gemeinkosten	Werden dem Produkt indirekt zugeordnet (Material)	Vollkostenrechnung
Fixe Kosten	Fallen unabhängig von der Beschäftigung an (Personalkosten, Abschreibungen, Miete)	Teilkostenrechnung
Variable Kosten	Sind abhängig von der Beschäftigung (Material)	Teilkostenrechnung
Primäre Kosten	Rohstoffe oder Dienstleistungen von außen	Vollkostenrechnung
Sekundäre Kosten	innerbetrieblicher Leistungsverkehr	Vollkostenrechnung
Istkosten	Kosten der Abrechnungsperiode	Vollkostenrechnung/ Plankostenrechnung
Normalkosten	Durchschnittliche Istkosten vergangener Abrechnungsperioden	Vollkostenrechnung/ Plankostenrechnung
Sollkosten	Geplante Kosten bei der Istbeschäftigung	Plankostenrechnung
Plankosten	Geplante Kosten für eine bestimmte Beschäftigung	Plankostenrechnung

- Kostenartenrechnung (1. Stufe der Kostenrechnung): „Welche Kosten sind angefallen?"
- Kostenstellenrechnung (2. Stufe) „Wo sind die Kosten entstanden?"
- Kostenträgerrechnung (3.Stufe) „Wer trägt die Kosten?"
- Die Kostenträgerstückrechnung (Kalkulation) ermittelt den Selbstkostenpreis und die langfristige Preisuntergrenze nach dem Verursachungsprinzip oder Tragfähigkeitsprinzip.
- Die Kostenträgerzeitrechnung ist Grundlage für die Ermittlung des Betriebsergebnisses.

Kostenrechnungssysteme im Vergleich
Vollkostenrechnung für langfristige Preiskalkulation der Kostenträger (Deckung aller Kosten). Für einige Lösungen – z. B. bei Zusatzaufträgen, Beschäftigungsschwankungen, Eigenfertigung oder Make or Buy-Entscheidungen – kann sie zu falschen Entscheidungen führen. Das Finden des richtigen Verteilerschlüssels ist ein Problem.

In der **Teilkostenrechnung** werden den Kostenträgern nur Einzelkosten zugeordnet. Die Gemeinkosten werden nur als Summe verrechnet. Die Teilkostenrechnung ist wichtig für Beschäftigungsschwankungen. Mit ihr wird die kurzfristige Preisuntergrenze ermittelt.

Vollkostenrechnung	Teilkostenrechnung
Langfristige Preisuntergrenze Unternehmensbezogen: Deckung der gesamten Kosten	Kurzfristige Preisuntergrenze kurzfristig / absolut: nur Deckung der variablen Kosten
Produktbezogen: Deckung der Kv + Kf	Liquiditätsorientiert: Deckung der Kv

Welches der Verfahren soll man anwenden?
Sind die Gemeinkosten im Planungshorizont unveränderlich, so ist die Teilkostenrechnung zu bevorzugen. Will man langfristig alle Kosten tragen, bedient man sich der Vollkostenrechnung.

Kapazität und Beschäftigung in der Teilkostenrechnung bilden eine zentrale Größe bei der Entscheidung über Zusatzaufträge. **Fixe Kosten** (Kf) sind Kosten, die unabhängig vom jeweiligen Beschäftigungsgrad in immer gleicher Höhe anfallen (beachte Fixkostendegressionseffekt bei steigender Beschäftigung). **Sprungfixe Kosten** entstehen bei der Veränderung der Kapazität des Unternehmens. Geht die Beschäftigung zurück, so gehen die Kosten i. d. R. erst zeitverzögert zurück (**Kostenremanenz**). Die Kosten, die sich auf die genutzte Kapazität beziehen, sind Nutzkosten; die Kosten, die sich auf die ungenutzte Kapazität beziehen, sind Leerkosten.

Der **Erfahrungskurveneffekt** besagt, dass die Stückkosten (k) sinken, wenn die Produktionsmenge steigt. Variable Kosten (Kv) verändern sich mit der Produktionsmenge (proportional, degressiv oder progressiv). **Grenzkosten** (k`) stellen den Kostenzuwachs dar, wenn die Produktionsmenge sich um eine Einheit erhöht (i. d. R. kv pro Stück). **Gesamtkosten** (K) sind die Summe aus fixen Kosten und variablen Kosten.

Deckungsbeitragsrechnung (DB): Der Deckungsbeitrag ist die Differenz aus Nettoerlös und den variablen Stückkosten eines Artikels. Demgemäß ist der Unternehmensdeckungsbeitrag:

  Verkaufserlöse Netto (E)
– variable Kosten Gesamt (Kv)
= Deckungsbeitragsvolumen (DB)
– fixe Kosten (Kf)
= Betriebsgewinn / -verlust

Break-Even-Point: Er ist in der Teilkostenrechnung der Punkt, an dem die Deckungsbeiträge (DB) ausreichen, um die fixen Kosten (Kf) der Unternehmung zu decken. Die Erlöse (E) entsprechen den Gesamtkosten (K). Vor dem Break-Even-Point entstanden Verluste, nach dem Break-Even-Punkt entstehen Gewinne.

Break-Even-Point: $\frac{\text{Fixe Kosten (Kf)}}{\text{DB / Stück (db)}}$

Eine Senkung der Fixkosten führt zu einer niedrigeren Break-Even-Menge, da weniger Deckungsbeitrag zur Deckung der Fixkosten benötigt wird.

Die **absolute Preisuntergrenze** (kurzfristige Preisuntergrenze) ist der Netto-Verkaufspreis, bei dem die variablen Kosten gedeckt sind. Ein Preis unter den Selbstkosten der Vollkostenrechnung kann von Vorteil sein, wenn noch Kapazitätsreserven vorhanden und die variablen Stückkosten gedeckt sind.

Mehrstufige Verfahren der Deckungsbeitragsrechnung: Hier werden variable Kosten und fixe Kosten so weit wie möglich einer Unternehmensebene zugeordnet. Durch die Aufteilung in Erfolgsstufen erkennt das Unternehmen frühzeitiger **Fehlentwicklungen** und gibt Antworten auf folgende Fragen: Auf welche Produkte(-gruppen) sollte sich der Betrieb konzentrieren? Welche Produkte sind unwirtschaftlich? Selbst herstellen (Make or Buy) oder beim Lieferanten bestellen? Zusatzaufträge annehmen? Wann wird die **Gewinnschwelle** erreicht? In welcher Höhe sind Produktion und Absatz zu planen? Die **Deckungsbeitragsrechnung** ist im Handelsunternehmen eine wichtige Entscheidungsgrundlage z.B. für die Sortimentspolitik. Bevorzugt werden Produkte mit einem hohen Deckungsbeitrag.

Kalkulationsmodelle im Handel:
Vorwärtskalkulation (Listeneinkaufspreis eines Produktes ist vorgegeben, der maximale Listenverkaufspreis wird ermittelt), **Rückwärtskalkulation** (Listenverkaufspreis ist vorgegeben, der maximale Listeneinkaufspreis wird ermittelt), **Differenzkalkulation** (vom bekannten Listeneinkaufspreis und Listenverkaufspreis den Gewinn in Euro und in Prozent des Listenverkaufspreises. Gewinn = Selbstkosten ./. Barverkaufspreis).

Die **Kosten- und Leistungsrechnung** dient insbesondere der Kalkulation der Selbstkosten, der Ermittlung der Preisuntergrenzen, der Sortimentspolitik, Planung, und Kostenkontrolle.

1.6. Aufgaben, Bereiche und Ziele des Controllings

Management bedeutet Verantwortung für das gesamte Unternehmen und seine Verbesserung der Marktposition. Basis bildet dafür das Controlling, um langfristig den Ertrag des Unternehmens zu sichern und eigene Stärken (Produkte, Personal) auszubauen, Marktchancen zu steigern, das Tagesgeschäft zu überwachen und die Signale der Märkte umzusetzen. Controllingaufgaben werden **zielorientiert**, Controllingwerkzeuge **neutral** für die unterschiedlichsten Aufgaben und Ziele eingesetzt.
Kennzahlen als Basis für die Kommunikation werden zu Frühindikatoren. Sie sind Indikatoren zukünftig erreichbarer Wirkungen.
Kennzahlen aus der Bilanz: Finanzierung, Investition, Liquidität, Umschlagswerte über Lager, Kredite und Forderungen, Kapitalstrukturen.
Kennzahlen aus der G+V: Rentabilität Umsatz, Eigen- / Gesamtkapital, ROI (Return on Investment), Kostenstrukturen.
Handelsbezogene Kennzahlen: ABC-Analyse, Auftragsgrößenanalyse, Break-Even-Analyse, Deckungsbeitrag, Engpassrechnung, Ergebnisrechnungen, Investitionsrechnung, Nutzenprovision, Preiskalkulationen, Rabattanalyse, Verkaufsgebietsanalyse, Wertanalyse, XYZ-Analyse, Kapitalumschlag, Wirtschaftlichkeitsanalysen, Vermögens- und Kapitalstrukturen.

Return on Investment (ROI): Betriebswirtschaftliche Kennzahl zur Messung der Eigen-/Fremd-/Gesamtkapitalrentabilität. In Simulationen können Auswirkungen in % auf den ROI durch Veränderungen einzelner Größen (z.B. Umsatz, Gewinn, Kapital) sichtbar gemacht werden.

$$ROI = \frac{\text{Gewinn}}{\text{Umsatz}} \times \frac{\text{Umsatz}}{\text{Gesamtkapital}} \times 100$$

Die Ebenen des Controllings: Das Controlling unterstützt bereichsübergreifend die die Steuerung des Unternehmens. Das operative Controlling (Kosten, Leistungen, Wertschöpfungskette) konzentriert sich auf quantifizierte Größen als Grundlage für den Steuerungs-

prozess, während das **strategische Controlling** (Erfolgspotenziale, Marktanteile, Cashflow) die qualitativen Faktoren in den Planungsprozess mit einbezieht. Die **Umweltanalyse** analysiert das Umfeld des Unternehmens nach verschiedenen Kriterien.
Strategisches Controlling: Die **SWOT-Analyse** hilft, eigene Stärken und Schwächen und die Chancen und Risiken des Umfelds zu erkennen. Die **Portfolioanalyse** ist Grundlage der Sortimentspolitik *(s. hierzu 3.4.* Die **Balanced Scorecard** zeichnet ein Gesamtbild vom Unternehmen für das Management (Kundenperspektive, interne Prozessabläufe, Finanzen sowie Innovations- und Mitarbeiterpotentiale).
Operatives Controlling erfasst die Zielgrößen Liquidität, Gewinn und Sicherheit im einjährigen bis mittelfristigen Zeithorizont.
Steuerungsinstrumente des operativen Controllings: **Target Costing** oder Zielkostenrechnung mit Kundenbindung, **Benchmarking** (Qualitätsvergleich der eigenen Unternehmung mit dem stärksten Mitbewerber der Branche), kurzfristige Erfolgsrechnung (Analyse und Kontrolle der Unternehmensentwicklung z.B. bei Preisänderungen), die erreichte Kalkulation, der Lagerbestand bzw. Lagerumschlag. Bereiche des Controllings im Handel: Sortiments-, Finanz-, Marketing-, Personal-, Beschaffungs- und Logistikcontrolling.

Zwischen operativem und strategischem Controlling besteht eine ständige Wechselwirkung. Die operative Planung hängt sehr stark von der strategischen Planung ab, umgekehrt liefern operative Überlegungen wichtige Impulse für die strategische Ausrichtung des Unternehmens.
Controlling funktioniert nur dann, wenn das strategische und das operative Controlling in einem Regelkreislauf zusammengefasst und mit der strategischen und operativen Unternehmensplanung vernetzt sind.

Budgetierung umfasst alle Aktivitäten der Erstellung, Genehmigung, Durchsetzung und Anpassung des Budgets für das Unternehmen mit Zuordnung der Kostenverantwortung und Abweichungsanalyse. Strategische Budgetierung umfasst alle Pläne zur mittel- bis langfristigen Existenzsicherung (Finanzplanung, Koordinationsfunktion, Leistungs- und Kontrollfunktion, Verhaltenssteuerung), operative Budgetierung die mengen- und wertmäßige Zusammenfassung der angestrebten Entwicklung der Unternehmung in der zukünftigen Planungsperiode als **Hard Facts** (= messbar und objektiv bewertbare Daten, wie Kosten, Termine, Menge und Status) und **Soft Facts** (= Projektumfeld, wie psychosoziale Fakten und die Situation der Mitarbeiter).
Budgets sind geeignet, das Verhalten aller Mitarbeiter zu beeinflussen und müssen von den Budgetverantwortlichen beeinflusst werden können, herausfordernd, aber erreichbar sein, Handlungsspielräume enthalten.

1.7. Finanzierung

Finanzwirtschaftliche Ziele im Unternehmen: Rentabilität, Liquidität, Sicherheit, Unabhängigkeit. Wichtige **finanzwirtschaftliche Kennzahlen** sind:

- Eigenkapitalrentabilität = (Gewinn x 100) / Eigenkapital.
- Gesamtkapitalrentabilität = (Gewinn x 100) / Gesamtkapital
- Liquidität 1. Grades: Barmittel x 100 / Kurzfristiges Fremdkapital
- Liquidität 2. Grades: (Barmittel + Kurzfristige Forderungen) x 100 / kurzfristiges Fremdkapital
- Liquidität 3. Grades: (Barmittel + Kurzfristige Forderungen + Vorräte) x 100 / kurzfristiges Fremdkapital

Im **Finanzplan** werden die zukünftigen Ein- und Ausgaben gegenübergestellt. Eine Liquiditätsverbesserung ist möglich durch Reduzierung der Außenstände, Nutzung von Lieferantenkrediten, Abbau des Warenlagers.

Finanzierungsmöglichkeiten:
Innenfinanzierung durch Cashflow (Kassenzufluss) mit den wichtigen Finanzierungsquellen

- Gewinnthesaurierung (offene = Bilanzgewinn, stille = stille Reserven),
- Abschreibungen von Anlagevermögen (AfA),
- Auflösung von Rückstellungen,
- Umschichtung des Betriebsvermögens (z-B. sale-and-lease-back).
- Mezzanine-Kapital als Form zwischen Eigen- und Fremdkapital .

Außenfinanzierung durch Einlagen- bzw. Beteiligungsfinanzierung.
Formen der kurzfristigen Außenfinanzierung:

- Lieferantenkredit, entsteht durch Ausnutzung der vereinbarten Zahlungsziele (kostspielig bei Verzicht auf Skontoabzug),
- Kontokorrentkredit, kurzfristiger Bankkredit als häufigste Finanzierungsform mit bankmäßiger Besicherung,
- Avalkredit, Kreditgewährung eines Kreditinstituts durch Übernahme einer Bürgschaft oder Garantie gegenüber einem Dritten im Auftrag eines Kunden
- Kundenanzahlungen
- Factoring: Hier verkauft ein Unternehmen seine Forderungen an ein Factoring-Institut (Factor). Beim offenen Factoring werden die Kunden über die Forderungsabtretung informiert. Beim Stillen Factoring zahlen die Kunden an das Unternehmen, dieses leitet die Gelder an das Factoring-Institut weiter. Vorteile: Durch den Forderungsverkauf verbessert sich die Bilanz- und Kapitalstruktur, die Eigenkapitalquote steigt. Nachteile: hohe Kosten, der Verkauf von Forderungen kann negativ bewertet werden. Factoring ist nicht für jede Branche geeignet.

Langfristige **Fremdfinanzierung** durch langfristige Darlehen, Laufzeit zehn Jahre oder länger.

Leasing: Ein atypischer Mietvertrag zwischen Leasinggeber und Leasingnehmer. Vertragstypen

- nach Art des Leasing-Objekts (z.B. Auto-, Maschinen-, Computer-Leasing),
- Mobilität des Leasingobjekts (Mobilien-Leasing / Immobilien-Leasing),
- Art der Vertragspartner (Privat-Leasing / gewerbliches Leasing),
- Verhältnis des Leasing-Gebers zum Leasing-Nehmer (direktes Leasing / indirektes Leasing).

Leasing erspart die Beschaffung entsprechender Fremdmittel, es erlaubt 100 % Fremdfinanzierung. Kein Ausweis in der Bilanz, keine Verschlechterung des Verschuldungsgrads.

Der **Kreditkauf** ist oft im Vergleich zum Leasing vorteilhafter, da das Investitionsobjekt veräußert werden kann. Der Leasingnehmer bleibt hingegen für die Grundmietzeit an den Leasingvertrag gebunden. L. ist sinnvoll für kapitalschwache, aber ertragsstarke Unternehmen.

Kreditsicherheiten, persönliche
Bürgschaft: Der Bürge verpflichtet sich, für die Verbindlichkeit des Schuldners einzustehen. **Ausfallbürgschaft**: Bürgschaft wird nur für den Teil der Schuld geleistet, der vom Hauptschuldner nicht erlangt werden kann. **Selbstschuldnerische oder solidarische Bürgschaft**: Es steht dem Gläubiger frei, den Hauptschuldner oder den Bürgen zur Leistung heranzuziehen.
Kreditsicherheiten, dingliche
Forderungszession: Kreditnehmer tritt zur Sicherstellung seines Kredits Forderungen gegen Dritte an den Kreditgeber ab. Ist dem Dritten diese Abtretung bekannt, spricht man von offener Abtretung, sonst von versteckter Abtretung (stille Zession). **Hypothekarkredit**: Es erfolgt die Sicherstellung durch bebaute und unbebaute Grundstücke in Form einer Eintragung einer Hypothek oder einer Grundschuld in das Grundbuch.
Sicherungsübereignung: Bewegliche Sachen werden dem Kreditgeber übereignet. Der Besitzer kann weiterhin die Sachen benutzen. **Eigentumsvorbehalt**: die verkaufte Sache bleibt für die Kreditdauer im Eigentum des Verkäufers; die Sache kann vom Besitzer (Käufer) genutzt werden.

Die goldene Bilanzregel: Langfristig gebundenes Vermögen ist mit langfristigem Kapital, kurzfristiges Vermögen mit kurzfristigem Kapital zu finanzieren.
Die goldene Finanzierungsregel: Langfristig gebundenes Vermögen (Grundstücke, Anlagen) mit langfristigem Kapital (Eigenkapital, Darlehen) finanzieren.
Ein Handelsunternehmer sollte jedoch nicht aus den Augen lassen, dass das Warenlager durchaus langfristig gebunden ist: Ohne Ware gibt es kein Geschäft. Der Praktiker wird immer darauf achten, dass er mindestens 1/3 seines Warenlagers langfristig finanziert hat!

1.8. Risikomanagement, Qualitätsmanagement und Umweltmanagement

Risiko umfasst die Eintrittswahrscheinlichkeit und die Höhe eines möglicherweise eintretenden Schadens. Risiken im Betrieb ausfindig zu machen, ihre Eintrittswahrscheinlichkeit zu analysieren und den möglichen Schaden zu bewerten, ist Aufgabe des Risikomanagements. In vielen Bereichen bestehen gesetzliche Vorschriften. So sind für viele Risiken **Rückstellungen** zu bilden. In der Logistik sind Verordnungen zur Ladungssicherung zu beachten. Zu externen Rahmenbedingungen für das Risikomanagement kommen die internen Grundlagen hinzu, z.B. Regeln zur Corporate Governance, Arbeitsanweisungen und Prozessdefinitionen.

Risikofelder sind die Bereiche, in denen unerwünschte Ereignisse entstehen können. Interne Risikofelder sind vor allem die Unternehmensstruktur und Unternehmensprozesse, insbesondere die Schnittstellen, aber auch Arbeitsanweisungen. Externe Risikofelder sind vor allem Marktrisiken, Rechtsrisiken, Imagerisiken (z.B. aus Bewertungsplattformen). Für die festgestellten Risikofelder müssen Eintrittswahrscheinlichkeit und der zu vermutende Schaden abgeschätzt werden. Aus der Kombination der beiden Merkmale kann dann eine Risikomatrix erstellt werden, aus denen Normstrategien des Risikomanagements entwickelt werden können. Für die Identifizierung von Risiken eignet sich die SWOT-Analyse. Das Risikomanagement ist Teil des Qualitätsmanagements. Langfristiges Ziel ist die „Nachhaltigkeit", das Prinzip der Substanzerhaltung.

Qualitätsmanagement: Qualität betrifft sowohl die Waren als auch die betrieblichen Prozesse. Vor allem bestimmen darüber Kunden, Eigentümer, Mitarbeiter und andere Kreise, die für das Unternehmen wichtig sind (z.B. Banken). Eine Verbesserung der Produktqualität kann den Absatz steigern, eine Verbesserung der Ablaufqualität die Produktivität steigern, die Kosten senken oder die Mitarbeiterzufriedenheit steigern.
Kaizen ist der Prozess der kontinuierlichen Verbesserung der Abläufe. Es geht nicht nur um die technische Qualität und Funktionalität, sondern um höchste Gebrauchstauglichkeit unter dem Gesichtspunkt der Orientierung auf den Kunden.

- Kennt die Organisation die Wünsche des Kunden und erfüllt sie diese?
- Sorgt die Führung für eine Umgebung, in der sich Qualitätsbewusstsein entfalten kann?
- Werden die Mitarbeiter mit ihrem Kreativitätspotential einbezogen?
- Wird in ganzen, kompletten Prozessen gedacht?
- Wird der Zusammenhang zwischen den einzelnen Prozessen erkannt?
- Wird ständig nach besseren Lösungen gesucht?
- Gibt es einen sachbezogenen, mit Informationen begründeten Ansatz zur Entscheidungsfindung?
- Wird die Chance genutzt, die Wertschöpfung in Zusammenarbeit mit Lieferanten zu steigern?

Kundenorientierung: Im Mittelpunkt des QM steht der Kunde mit seinen Erwartungen. Dazu gehören Zuverlässigkeit, geringe Betriebskosten, hochwertige Rohstoffe, gute Verarbeitung, Preisvorteile.
Prozessorientierung: Auch Prozesse müssen unter dem Gesichtspunkt der Kundenorientierung verlaufen. Dies sind Management-(Führungs-) Prozesse, Kernprozesse (die für den Kunden unmittelbar einen Wert haben) sowie Unterstützungsprozesse (z.B. Logistik).
Die **Auditierung** ist eine normierte Vorgehensweise zur Bewertung von Abläufen und Strukturen. Der Unternehmer kann das Audit selbst durchführen (intern, Erstparteien-Audit), von Kunden oder Lieferanten (extern, Zweitparteien-Audit) oder von unabhängigen Organisationen durchführen lassen (extern, Drittparteien-Audit).

Total Quality Management und integrierte Managementsysteme (IMS): TQM stellt die Qualität in den Mittelpunkt. Management und Mitarbeiter haben die Aufgabe, an der Qualität von Produkten und Abläufen zu arbeiten und sich regelmäßig zu bewerten, um Stärken, Schwächen und Verbesserungen festzustellen. Bei integriertem Management werden auch die Aspekte aus Umweltschutz, Sicherheit und Arbeitsschutz mit einbezogen.
Umweltmanagement: Der Handelskaufmann muss eine Reihe von einschlägigen Rechtsbestimmungen beachten. Darüber hinaus aber muss er sich der Diskussion über die Auswirkungen unternehmerischer Entscheidungen auf die Belange der Umwelt stellen. Dies können Auswirkungen auf den Verkehr ebenso sein wie die ökologischen Auswirkungen von Verpackungen und der Bodenverbrauch bei Neuansiedlungen.

Rechtliche Bestimmungen sind u.a. das **Bundesimmissionsschutzgesetz**: Das Ziel dieses Gesetzes ist der Schutz der Menschen und der Natur vor schädlichen Umwelteinwirkungen durch Luftverunreinigungen, Lärm, Licht, Strahlen und anderen Emissionen. Eine Emission ist das, was von einem Verursacher ausgeht; eine Immission ist das, was auf einen anderen einwirkt. **Das Kreislaufwirtschaftsgesetz** regelt die umweltverträgliche Beseitigung von Abfällen. **Landesgesetze und Satzungen** der Gemeinden, insbesondere zum Abfallrecht, Abwasser, Bebauung und dem Schutz von Bäumen ergänzen den umfangreichen Katalog der Bundesgesetze. Schließlich gelten viele EU-Richtlinien und Verordnungen zum Umweltschutz. Ein offensives Umweltmanagement versucht, Unternehmens- und Umweltziele in Übereinstimmung zu bringen.

Das **Öko-Audit** ist ein System aus Umweltmanagement und Umweltbetriebsprüfung. Es hat die kontinuierliche Verbesserung der Umweltleistung von Organisationen zum Ziel. Umweltaudits und eine Umwelterklärung sind Voraussetzungen zur Zertifizierung.

1.9. Rechtsfragen zur Unternehmensführung

1.9.1 Grundlagen des Steuerrechts

Steuern sind Abgaben ohne direkte Gegenleistung, **Gebühren** sind Abgaben für eine direkte Gegenleistung, **Beiträge** sind Abgaben für die Einzelne eine Leistung in Anspruch nehmen können. Bei **direkten Steuern** sind Steuerzahler und Steuerträger identisch, bei **indirekten Steuern** nicht.

Jede natürliche Person ist einkommensteuerpflichtig (**Einkommensteuer**). Es gibt sieben Einkunftsarten:

- Einkünfte aus Land- und Forstwirtschaft,
- Einkünfte aus Gewerbebetrieb,
- Einkünfte aus selbständiger Arbeit,
- Einkünfte aus unselbständiger Arbeit,
- Einkünfte aus Kapitalvermögen,
- Einkünfte aus Vermietung und Verpachtung sowie
- sonstigen Einkünften.

Bei den ersten dreien wird der Gewinn versteuert, bei den anderen der Überschuss der Einnahmen über die Werbungskosten.

Sonderausgaben und außergewöhnliche Belastungen können das zu versteuernde Einkommen mindern. Beim **Ehegattensplitting** wird das zu versteuernde Einkommen zusammengezählt, dieser Betrag durch zwei geteilt und das Ergebnis nach der Steuertabelle ermittelt. Dieser Betrag wird dann mit zwei multipliziert.

Das Einkommen der Arbeitnehmer unterliegt der **Lohnsteuer**, einer Unterform der Einkommensteuer. Der Gewinn der Kapitalgesellschaften unterliegt der **Körperschaftssteuer.** Der **Umsatzsteuer u**nterliegen Lieferungen und sonstige Leistungen. Ein Unternehmer ist berechtigt, von seiner Umsatzsteuerschuld die an Lieferanten gezahlte Umsatzsteuer („Vorsteuer") abzuziehen. Die **Gewerbesteuer** ist eine Sondersteuer für Gewerbebetriebe für Gewerbeertrag. Sie ist eine Gemeindesteuer.

Diese Bestandteile muss eine **Rechnung** enthalten:

- Name und Anschrift des leistenden Unternehmens,
- Name und Anschrift des Kunden,
- Steuernummer bzw. USt.-Identifikationsnummer,
- Ausstellungsdatum,
- Rechnungsnummer,
- Menge und Bezeichnung der Ware/Leistung,
- Nettoentgelt,
- USt.-Satz und Betrag sowie den

- Bruttoendbetrag.

Kleinbetragsrechnungen bis 150 € brutto brauchen lediglich Name und Anschrift des leistenden Unternehmens, Datum, Menge und Bezeichnung der Ware, Bruttobetrag und Steuersatz.

Einige Schwerpunkte aus dem Gesellschaftsrecht:

Kaufmann ist, wer ein Handelsgewerbe betreibt. Die **Firma** ist der Name, unter dem der Kaufmann seine Geschäfte betreibt. Sie muss den Grundsätzen der Firmenwahrheit, -klarheit und -beständigkeit entsprechen.

Personengesellschaften sind die Gesellschaft bürgerlichen Rechts (GbR), die offene Handelsgesellschaft (oHG) und die Kommanditgesellschaft (KG). Die Gesellschafter der GbR wie die der oHG haften voll. Sie sind auch Geschäftsführer. Gewinnverteilung in der GbR nach Köpfen; in der oHG erhält jeder Gesellschafter 4 % auf sein Kapital, der Rest wird nach Köpfen verteilt. Die KG kennt einen Vollhafter (Komplementär), der zugleich die Geschäfte führt sowie den Kommanditisten, der nur mit seiner Einlage haftet. Gewinnverteilung: 4 % auf die Einlage, der Rest „in angemessenem Verhältnis", zumeist vertraglich geregelt. **Kapitalgesellschaften** sind die Gesellschaft mit beschränkter Haftung (GmbH), die Unternehmergesellschaft haftungsbeschränkt (UG), die Aktiengesellschaft, die GmbH & Co. KG und die Genossenschaft. Bei der GmbH ist ein Kapital von mindestens 25.000 € notwendig, 12.500 € müssen eingezahlt sein. Die Eintragung im Handelsregister ist hier obligatorisch, ebenso eine notarielle Beurkundung. Die UG benötigt nur ein Gründungskapital von 1 €, dafür sind 25 % des Gewinns einzubehalten.

Vollmachten im Handelsgewerbe:

Die **Prokura** ermächtigt zu allen Arten von gerichtlichen und außergerichtlichen Geschäften, die der Betrieb eines Handelsgewerbes mit sich bringt. Die **Handlungsvollmacht** berechtigt dazu, alle gewöhnlichen Rechtsgeschäfte zu tätigen, die das betreffende Handelsgewerbe mit sich bringt. Daneben gibt es noch die **Spezialvollmacht** und die **Artvollmacht.**

Insolvenz und Liquidation: Wenn ein Unternehmen finanziell in eine Schieflage gerät, die Passiva also die Aktiva übersteigen, muss ein Insolvenzverfahren eingeleitet werden. Ein Kaufmann kann das Unternehmen aber auch „still" liquidieren. Er zahlt dann die Verbindlichkeiten und meldet das Unternehmen beim Gewerbeamt ab.

2. Führung, Personalmanagement, Kommunikation und Kooperation

2.1. Führungsgrundsätze und Führungsmethoden

Ziele der Personalführung und Unternehmensziele

Personalführung ist ein Teil der Unternehmensführung; der Mitarbeiter steht hier im Mittelpunkt. Er soll dazu motiviert werden, zum Erfolg des Unternehmens beizutragen. Auch die Arbeitsbedingungen sollen die Identifikation unterstützen.

Unternehmensleitbild und Führungsgrundsätze

Für den Kunden wird die Corporate Identity des Unternehmens erst zur Realität, wenn sie im Unternehmen auch gelebt wird. Das **Unternehmensleitbild** ist die Grundlage zur Erarbeitung der **Führungsgrundsätze**. Diese beinhalten z.B. Mitarbeiterführung, die ständige Qualifikation und die Mitentscheidungsmöglichkeiten und Selbstverwirklichung der Mitarbeiter, die Zusammenarbeit und die Chancen der Verschiedenheit von Mitarbeitern (Diversity).

Personale und soziale Kompetenzen, Methoden- und Fachkompetenz

Führungsaufgaben in einem Unternehmen werden von der Geschäftsleitung sowie den Instanzen ausgeführt. Meist sind deren Aufgaben in einer Stellenbeschreibung festgehalten. Fach- bzw. Sachaufgaben werden oft durch Organisationsanweisungen geregelt. Anders ist dies bei den situations- und personenbezogen Aufgaben: Die Führungskräfte leiten ihre Mitarbeiter an, die Unternehmensziele zu erreichen. Beispiele hierfür sind die Delegation von Aufgaben, die Motivation und das Konfliktmanagement. Für die Lösung dieser Aufgaben sind vor allem Sozial- und Persönlichkeitskompetenzen wichtig. Fachliche und personenbezogene Ziele können im Konflikt stehen.
Mit der Übertragung einer Führungsaufgabe besitzt die Führungskraft eine **Amtsautorität**. Hat die Führungskraft daneben die notwendigen Fach- und Methodenkompetenzen, so besitzt sie zusätzlich die **Fachautorität**, die dazu beiträgt, dass die Mitarbeiter ihre Aufträge gut erfüllen können. Erst dann aber, wenn die Mitarbeiter auch die **personale Autorität**, die Sozial- und Persönlichkeitskompetenzen wie z.B. Integrität, Vertrauenswürdigkeit oder Verlässlichkeit der Führungskraft anerkennen, werden Mitarbeiter und Vorgesetzter ein gutes Team.

Führungsmethoden

Führungsstile beschreiben die Art und Weise, wie die Führungskraft ihren Mitarbeitern begegnet. Der im Unternehmen gewünschte Führungsstil ist oft in den Führungsgrundsätzen festgelegt und bestimmt das Handeln aller Führungskräfte im Unternehmen. Dabei werden diese beiden gegensätzlichen Modelle unterschieden: Beim **kooperativen Führungsstil** muss der Vorgesetzte die Anerkennung seiner Mitarbeiter gewinnen. Zur Amtsautorität kommt die Persönlichkeitsautorität hinzu. Der Vorgesetzte unterstützt bei der Erfüllung der Aufgaben, gibt Einsicht in Zusammenhänge, betriebliche Abläufe und Organisationsstrukturen, schafft Freiräume für eigenverantwortliches Handeln und gibt Feedback. Beim **autoritären Führungsstil** entscheidet der Vorgesetzte kraft seines Amtes und Position, er ordnet an und gibt ausschließlich Weisungen. Beim **situativen Führungsstil** führt die Führungskraft nach einer der beiden beschriebenen Modelle, dabei berücksichtigt sie individuelle Voraussetzungen, die Einstellung und das Wesen der einzelnen Mitarbeiter und die jeweilige Situation.

Führungstechniken beziehen sich auf einen Teilaspekt der Führung und geben hierzu Hilfestellung: **Management by Objectives** (MbO): Die Unternehmensleitung gibt die Ziele für das Gesamtunternehmen vor. Daraus entwickeln die Führungskräfte die Ziele ihrer Teilbereiche und erarbeiten dann mit den Mitarbeitern deren individuelle Ziele. Dem Mitarbeiter wird überlassen, wie er die festgelegten Ziele erreichen möchte. Der Vorgesetzte hat die Aufgabe, die Zielerreichung zu kontrollieren. Auch für diese Ziele gilt die „SMART"-Formel. **Management by Delegation** bedeutet, eine Aufgabe mit den Befugnissen und der Verantwortung auf einen anderen zu übertragen. **Management by Exception**: Der Mitarbeiter führt die ihm übertragenen Aufgaben selbständig durch. Nur in Ausnahmesituationen greift der Vorgesetzte ein.

Führungsinstrumente sind Hilfsmittel, um den gewünschten Führungsstil und die -technik zu realisieren. Die wichtigsten Führungsinstrumente sind die Information, die Motivation, die Delegation, die Kontrolle, die Beurteilung und das Mitarbeitergespräch.

2.2. Zeit- und Selbstmanagement

Zeit- und Selbstmanagement bedeutet, über seine Arbeitszeit und die der Mitarbeiter effizient zu bestimmen. So kann optimal vorgegangen werden:

- Ziele definieren,
- Maßnahmen planen,
- Tätigkeiten ausführen,
- Zielerreichung kontrollieren,
- ggfs. wieder Ziele zu korrigieren.

Die Planung von Zielen und Maßnahmen sollte regelmäßig schriftlich zu Beginn einer Periode erfolgen. Durchgeführte Arbeiten können durchgestrichen werden, das zeigt auch optisch den Erfolg und motiviert. Am Ende einer Zeitperiode wird die „To-do-Liste" kontrolliert. Vorhaben, die noch nicht geschafft sind, werden dann auf den nächsten Zeitabschnitt übertragen. Wichtig ist, dass nicht die gesamte Arbeitszeit verplant wird, sondern Pufferzeiten für Unvorhergesehenes bleiben.

Instrumente des Zeitmanagements

Das **Pareto-Prinzip** besagt, dass oft im Leben 20% des Einsatzes 80% des Erfolgs bewirken. Hieraus schließt Pareto, dass 20% der aufgewandten Arbeitszeit zu 80% zum Arbeitserfolg beitragen. Nur die wichtigsten Aufgaben erhalten höchste Priorität.

Die **A-L-P-E-N-Methode** (**A**ufgaben aufschreiben –**L**änge schätzen – **P**ufferzeit reservieren – **E**ntscheidungen treffen – **N**achkontrolle) hilft, einen realistischen Tagesplan aufzustellen: Alle Aufgaben eines Tages werden aufgeschrieben; ihre Länge wird geschätzt; zu jeder Aufgabe wird der Zeitbedarf eingetragen. Es wird nur ca. 60% der Arbeitszeit verplant. Nun wird eine Rangfolge festgelegt und abgewogen, ob die Arbeit von einem selbst unbedingt ausgeführt werden muss. Bei der Nachkontrolle wird geprüft, ob die übertragenen Aktivitäten erledigt sind.

Die **ABC-Analyse** soll die Gefahr vermeiden, dass zu viel Zeit für unwichtige Angelegenheiten verwendet wird und die entscheidenden Aufgaben zu kurz kommen: A-Aufgaben sind die wichtigsten Aufgaben. Sie müssen von dem Mitarbeiter selbst ausgeführt werden, sie sind meist nicht delegierbar. B-Aufgaben sind wichtig, sind aber durchaus delegierbar. C-Aufgaben sollten grundsätzlich delegiert werden.

Das **Eisenhower-Prinzip** setzt – ähnlich wie die ABC-Analyse – Prioritäten. Dabei werden die Arbeitsaufträge nach Dringlichkeit und Wichtigkeit eingeteilt: **A-Aufgaben** sind wichtig und dringlich. Sie müssen unverzüglich ausgeführt werden, in der Regel von der Führungskraft selbst. **B-Aufgaben** sind wichtig, aber nicht dringlich. Sie werden auf Wiedervorlage gelegt oder es wird geprüft, ob sie delegierbar sind. **C-Aufgaben** sind dringlich, aber nicht wichtig. Sie werden an Mitarbeiter übertragen. Vorgänge, die weder wichtig noch dringlich sind, gehören in den Papierkorb.

In jedes **Zeitplansystem** gehören diese Eintragungen: Die Zielsetzungen für das Jahr, für den Monat, für die Woche und für den Tag, Termine und Daten, To-do-Liste, Prioritäten, Zeitdauer. Sobald mehrere Mitarbeiter in den Zeitplaner Einsicht nehmen bzw. Aufgaben und Termine eintragen müssen, ist ein elektronisches Zeitplansystem zu empfehlen.

Zeitdiebe und Zeitfresser sind Arbeiten, die lange dauern, jedoch nicht zu wichtigen Ergebnissen führen. Ursachen können z.B. Fehler im persönlichen Arbeitsstil, ständige Störungen von außen oder eine E-Mail-Flut sein.

Biorhythmus und Leistungskurve: Unser Biorhythmus hat einen entscheidenden Einfluss auf die Arbeitsergebnisse. So gilt es herauszufinden, wie die individuelle Leistungskurve verläuft. Generell liegt der Leistungshöhepunkt am Vormittag, sinkt gegen Mittag ab und befindet sich besonders nach dem Mittagessen auf einem Tiefpunkt. Daher sollten wichtige Aufgaben am besten vormittags erledigt werden.

Stressauswirkungen: Stresshormone steigern in Belastungssituationen die Leistung. Dauert der Stress länger, wirkt die Hormonausschüttung negativ. Deshalb sollte die Führungskraft einschreiten, wenn sie beobachtet, dass der Mitarbeiter fahrig arbeitet, über Kopf-

oder Magenschmerzen klagt oder häufigere Kurzerkrankungen aufweist. Stress kommt oft nicht von den bearbeiteten, sondern von den liegen gebliebenen Aufgaben!
Die **Work-Life-Balance**, die Ausgewogenheit von Arbeit und Privatleben, geht auch das Personalmanagement an. Dabei geht es auch um die Vereinbarkeit von Familie und Beruf. Flexible Arbeitszeitmodelle – nicht nur für die Frauen – sowie die Unterstützung der Kinderbetreuung, ob finanziell oder durch Bereitstellung von Kita-Plätzen, helfen den Eltern, berufstätig zu bleiben. Hinzugekommen sind Angebote der Pflegebetreuung für Eltern von älteren Mitarbeitern. Zeit- und Selbstmanagement dient dazu, Arbeits- und Freizeit besser zu nutzen. Arbeit, Gesundheit, Familie, Freunde und Kultur werden in ein Gleichgewicht gebracht. Das Unternehmen stellt die Strukturen bereit, die es dem Mitarbeiter ermöglichen, diese Ausgewogenheit besser zu erreichen.

2.3. Personalmarketing, Personalauswahl und -einstellung

Konzepte des Personalmarketings

Es wird für Handelsunternehmen zunehmend schwieriger, ausreichend qualifizierte Mitarbeiter zu finden. Umso wichtiger ist es, mit Hilfe der klassischen Marketinginstrumente die Attraktivität des Unternehmens als Arbeitgeber zu stärken. Eine gute Arbeitgebermarke – „**employer branding**" – bringt viele Vorteile: größere Erfolgsaussichten bei der Personalbeschaffung, passgenauere Bewerbungen, geringere Kosten der Personalbeschaffung, und eine niedrige Fluktuation. Ähnlich wie beim Handelsmarketing steht am Anfang die Erkundung des Marktes. Bei der Arbeitsmarktforschung werden untersucht: Mitbewerber, Anzahl der potenziellen Bewerber auf dem Arbeitsmarkt, Qualifikation und Erwartungen der Bewerber und Mitarbeiter. Das Unternehmen kann sich selbst als Arbeitgeber beurteilen. Es erstellt dazu ein Stärken/Schwächen-Profil im Vergleich mit dem wichtigsten Mitbewerber oder eine SWOT-Analyse. Auf dieser Grundlage entwickelt es ein Marketing-Konzept für Bewerber wie für die eigenen Mitarbeiter. Je angespannter der Arbeitsmarkt ist, umso wichtiger wird es, die Mitarbeiter zu binden.
Beim **externen Personalmarketing** werden potenzielle Bewerber angesprochen. Außerdem wendet es sich an Multiplikatoren wie die Berater der Agentur für Arbeit, Personalberater, Lehrer, Eltern und natürlich auch die eigenen Mitarbeiter, die ihre Erfahrungen an Freunde und Bekannte weitergeben. Maßnahmen des externen Personalmarketings sind Aufträge an Berater, Messen, Schul- und Hochschulkontakte und Ausschreibungen in z.B. Printmedien, auf der Homepage, in Jobbörsen oder sozialen Medien. Maßnahmen des **internen Personalmarketings** sind z.B. eine individuelle Karriereplanung, besonders attraktive Vergütungsformen, flexible Arbeitszeitmodelle und ein angenehmes Arbeitsklima.

Innerbetriebliche und außerbetriebliche Personalbeschaffung

Vor der externen Personalbeschaffung empfiehlt es sich, zunächst intern geeignete Bewerber zu suchen. Dies gibt den Mitarbeitern Perspektiven. Außerdem kann der Betriebsrat eine innerbetriebliche Ausschreibung fordern.

Interne Beschaffungsmethoden sind Stellenausschreibungen, Versetzungen, Übernahme von Auszubildenden, Praktikanten, Juniorgruppen bzw. Förderkreise. **Externe Beschaffungsmethoden** sind Stellenanzeigen, eine Meldung an die Agentur für Arbeit, die Vermittlung durch Mitarbeiter, Personalberater, Aushänge, Hinweise auf der Homepage, Internet-Jobbörsen und Social-Media sowie Speed-Datings.

Die Auswahl von Mitarbeitern

Zunächst werden die Anforderungen der zu besetzenden Stelle anhand der Stellenbeschreibung festgelegt. Dann folgt eine Grobauswahl der Bewerbungen, bei internen Bewerbern mit Hilfe der Personalakte und einer Kurzbewerbung, bei externen Bewerbern das Bewerbungsschreiben mit Lebenslauf, Zeugnissen, oft auch mit Lichtbild und einer Profilseite. Zusätzlich kann das Unternehmen einen Personalbogen einsetzen. Die Inhalte werden von einer Software unmittelbar ausgewertet und der Bewerber ggf. aufgefordert, Unterlagen einzureichen. In Telefoninterviews erhält das Unternehmen einen ersten Eindruck und kann noch offene Fragen klären.

Bei der Endauswahl sind Testverfahren, die den Eindruck über den Bewerber vervollständigen, Arbeitsproben und das Vorstellungsgespräch geeignete Methoden. Das Assessmentcenter ist ein internes Analyseinstrument sowie ein Auswahlinstrument für Bewerber.

Das Auswahlverfahren zu analysieren ist sehr schwierig. Erst im Nachhinein stellt sich heraus, ob es geeignet war, den besten Bewerber zu finden und ob die Kosten im Verhältnis zu der Bedeutung der zu besetzenden Stelle standen. Genau so gilt dies für die eingesetzten Beschaffungsinstrumente; hier kann die Rücklaufquote des einzelnen Instruments festgestellt sowie bewertet werden, mit Hilfe welchen Instruments letztlich die Stelle besetzt wurde.

2.4. Planen und Durchführen der Berufsausbildung

Der Ausbildungsbedarf

Der quantitative und qualitative Ausbildungsbedarf ergibt sich vor allem aus der langfristigen Personalplanung. Berücksichtigt werden z.B. zu erwartende Pensionierungen, die geschätzte Fluktuation, die geplante Weiterentwicklung des Unternehmens sowie externe Einflüsse wie z.B. technische Neuerungen und veränderte Kundenansprüche.

Ausbildungsberufe für den Handelsbetrieb.

In Deutschland darf nur in staatlich anerkannten Berufen ausgebildet werden. Die Bedingungen sind in der jeweiligen Ausbildungsordnung festgelegt: Für die Ausbildung „**Kaufmann/Kauffrau im Großhandel**" gibt es die Fachrichtung Großhandel und Außenhandel. Dabei sind die Inhalte im 1. und 2. Ausbildungsjahr identisch; erst im 3. Ausbildungsjahr gibt es eine Differenzierung der beiden Fachrichtungen. Bei der Ausbildung „**Kaufmann/Kauffrau im Einzelhandel** entscheiden sich Ausbildender und Auszubildender neben den Pflichtqualifikationen, die allen Auszubildenden vermittelt werden, für Wahlqualifikationen entsprechend Betriebsform und Branche sowie den Neigungen des Auszubildenden. Stehen mehrere Ausbildungsberufe zur Wahl, dann werden die einzelnen Ausbildungsrahmenpläne und die Stellenbeschreibungen der zukünftig zu besetzenden Stellen verglichen. Die Entscheidung wird für den Beruf getroffen, bei dem die meisten Übereinstimmungen sind. Unterstützt wird der Betrieb hierbei vom Ausbildungsberater.

Zusammenarbeit mit der Berufsschule

Alle deutschsprachigen Länder und Dänemark bieten eine duale Ausbildung an: Dem Auszubildenden werden im Betrieb die berufspraktischen und in der Berufsschule die berufstheoretischen Kenntnisse und Fähigkeiten vermittelt. Grundlage ist die Ausbildungsordnung mit dem Ausbildungsberufsbild, dem Ausbildungsrahmenplan und den Prüfungsanforderungen. Für die Berufsschule sind alle verbindlichen Lerninhalte im Lehrplan festgehalten. Die Berufsschulpflicht ist in den **Schulgesetzen** der Bundesländer geregelt.

Betriebliche Ausbildungspläne

Im Handel findet die Ausbildung meist direkt am Arbeitsplatz statt – training-on-the-job. Ergänzt wird die Ausbildung im beruflichen Alltag durch Schulungen. Können Inhalte aus dem Ausbildungsrahmenplan weder in der Praxis noch in Schulungen vermittelt werden, muss der Ausbildungsbetrieb eine Lernkooperation eingehen. Alle zu vermittelnden Inhalte – ob am Arbeitsplatz, in Schulungen oder bei Kooperationspartnern - werden im **betrieblichen Ausbildungsplan** festgehalten. Dabei müssen alle Inhalte des Ausbildungsrahmenplans aufgenommen werden. Aus dem betrieblichen Ausbildungsplan ergibt sich der **individuelle Ausbildungsplan** für den einzelnen Auszubildenden. Zusätzlich wird festgehalten, wann und wo die Inhalte vermittelt werden und wie lange der Auszubildende in den einzelnen Bereichen tätig ist, wer ihn einarbeitet und wer der verantwortliche Ausbilder/Ausbildungsbeauftragte ist. Aus dem individuellen Ausbildungsplan ergibt sich der **Versetzungsplan** für den Auszubildenden. Der **Belegplan** zeigt, wann ein Azubi in einem Bereich eingesetzt ist.

Personalbeschaffung, Auswahlverfahren und Vorstellungsgespräche

Nachdem das Unternehmen in der langfristigen Personalbedarfsplanung die Ausbildungsberufe und die Anzahl der Ausbildungsplätze festgelegt hat, sucht es geeignete Bewerber. Man kann Praktikanten übernehmen, Mitarbeiterhinweisen folgen, sich an Ausbildungsbörsen beteiligen und die Berufsberatung der Agentur für Arbeit nutzen. Flyer, die eigene Homepage und Social-Media, Anzeigen und redaktionelle Berichte in der Tageszeitung sind geeignete Werbeträger. Der Betrieb prüft zunächst die **Bewerbungsunterlagen**: Das Bewerbungsschreiben, das formal, inhaltlich, auf Fehlerfreiheit und Vollständigkeit geprüft wird, und die letzten Zeugnisse, bei denen besonders Fehlzeiten und Noten in den für den Beruf relevanten Fächern beurteilt werden. Typische Auswahlinstrumente sind Tests und Vorstellungsgespräche.

Durchführung der Ausbildung
In der **Einführungsphase** können die Auszubildenden Unsicherheiten abbauen. Sie erhalten Informationen zu Unternehmen und Ausbildungsablauf, zu Verhaltensregeln und Arbeitssicherheit, Unfallverhütung und Umweltschutz. In der **Probezeit** (maximal vier Monate) können Ausbildender und Auszubildender prüfen, ob sie sich richtig entschieden haben. Der Ausbildungsrahmenplan schreibt die Inhalte der betrieblichen Ausbildung vor und schlägt eine zeitliche Planung vor. Dementsprechend gestaltet der Betrieb den betrieblichen Ausbildungsplan. Vorteilhaft ist, dass dieser mit Lernzielen formuliert wird. Lernziele beschreiben das gewünschte Können des Auszubildenden und ermöglichen eine Kontrolle.

Richtlernziele beschreiben übergeordnete Bereiche der Ausbildung. Groblernziele kennzeichnen die Breite und Tiefe der zu vermittelten Inhalte. Alle Lernziele des Ausbildungsrahmenplans sind Groblernziele. **Feinlernziele** werden vom Ausbilder oder Ausbildungsbeauftragten festgelegt, um die Inhalte den betriebsspezifischen Belangen anzupassen, einen sachlogischen Ablauf zu gewährleisten und so zu konkretisieren, dass eine Lernkontrolle erfolgen kann. Die **Taxonomie** der Lernziele zeigt auf, wie intensiv das Können sein soll. Dabei werden verschiedene Rangstufen unterschieden wie z.B. nennen, beschreiben, erläutern, anwenden. Außerdem werden in den Ausbildungsrahmenplänen die Schlüsselqualifikationen immer wichtiger: Diese befähigen die Auszubildenden, auf neue Herausforderungen reagieren zu können, um heute noch unbekannte Probleme zu lösen. Beispiele für **Schlüsselqualifikationen** sind Zeitmanagement, Konfliktfähigkeit, Teamfähigkeit, Eigeninitiative, Problemlösefähigkeit.
Lernziele beziehen sich auf drei **Lernbereiche**: Der **kognitive** Lernbereich umfasst Wissen und Können, der **affektive** Lernbereich bezieht sich auf Verhalten und Einstellungen und der **psychomotorische** Lernbereich beschreibt manuelle Fertigkeiten *(s. auch 2.7)*.

Die Anzahl der Jugendlichen, die dem Ausbildungsmarkt zur Verfügung stehen, ist durch die demografische Entwicklung geringer geworden. So muss sich der Handel für auch für Jugendliche entscheiden, die dem Wunschprofil nicht ganz entsprechen. Daher wird es immer wichtiger, bereits bei der Planung der Ausbildung mögliche Lernschwierigkeiten zu berücksichtigen. Deshalb muss der Ausbilder eine enge, vertrauensvolle Beziehung zu dem Auszubildenden entwickeln, ihn beobachten und ihm zuhören. Von Beginn an sollten regelmäßige Feedbackgespräche festgelegt werden. Darin werden die Ist-Situation in Betrieb und Schule festgestellt, Ziele für den nächsten Zeitraum definiert und Hilfen aufgezeigt. Wichtig ist dabei, den Auszubildenden Mut zu machen, zu bestärken und zu motivieren. Der Ausbilder sollte aber auch Grenzen der betrieblichen Ausbildung erkennen. Da, wo Schulungen, Unterweisungen und Gespräche nicht mehr ausreichen, können „ausbildungsbegleitende Hilfen" in Anspruch genommen werden. Dort wird der Auszubildende fachlich und sozialpädagogisch von überbetrieblichen Trägern gefördert. Ansprechpartner hierfür ist die Agentur für Arbeit. Neben dem Verständnis für die Probleme sind dem Aus-

zubildenden aber auch Konsequenzen aufzuzeigen, wenn er Teilziele nicht erreicht – im Ernstfall sogar die Abmahnung *(s. hierzu Kap. 2.13)*.
Der Handel hat die Möglichkeit, Auszubildende mit Schulabschlüssen wie Abitur, Fachabitur oder Studienabbrecher zu gewinnen, wenn zusätzliche Angebote unterbreitet werden, die den Auszubildenden besonders fordern. Bereits bei Vertragsschluss sollte eine Verkürzung der Ausbildung um 6 - 12 Monate geprüft werden. Viele Bildungseinrichtungen bieten besondere Abiturienten-Programme. Das duale Studium umfasst den kaufmännischen Abschluss sowie den Fortbildungsabschluss zum Handelsfachwirt.

Das Berufsbildungsgesetz sieht vor, dass die Ausbildung bis zu einem Viertel der Zeit auch im Ausland durchgeführt werden kann. Dies ist eine gute Chance Sprachkenntnisse sowie interkulturelle Kompetenzen der Auszubildenden zu fördern. Auszubildende können auch bereits in der Ausbildung mit Sonderaufgaben betraut werden. Im zweiten Ausbildungsjahr haben Azubis eine schriftliche **Zwischenprüfung** zu absolvieren; es gibt kein Bestehen oder Nichtbestehen. Doch ist es bei schlechten Leistungen unerlässlich, mit dem Auszubildenden ein Kritikgespräch zu führen. Bei der Ausbildung Kaufmann/frau im Einzelhandel wird keine Zwischenprüfung durchgeführt. Stattdessen legen die Auszubildenden schon den 1. Teil ihrer Abschlussprüfung ab. Bestehen Sie diesen ersten Teil nicht, nehmen sie trotzdem am 2. Teil zum Ende der Ausbildung teil, der Teil 1 muss erst wiederholt werden, wenn die Prüfung insgesamt nicht bestanden wurde.
Inhalte und Modalitäten der **Abschlussprüfung** sind in der Ausbildungsordnung festgelegt. Die Abschlussprüfung besteht aus einer schriftlichen Prüfung, einer mündlichen Prüfung bzw. dem Fachgespräch und ggf. einer praktischen Prüfung. Je nach Ausbildungsordnung kann der Prüfling sich bei nicht bestandenen schriftlichen Prüfungsfächern einer mündlichen Ergänzungsprüfung stellen. Gut ist, wenn der Ausbilder oder Experten das Fachgespräch mit den Auszubildenden üben und branchenbezogene Inhalte wie z.B. Warenkunde wiederholen.

2.5. Die Beurteilung

Ziele und Anlässe von Beurteilungen

Mit Hilfe von Beurteilungen will ein Unternehmen einen Überblick darüber gewinnen, wie weit die Leistungen der Mitarbeiter und das Anforderungsprofil übereinstimmen. So kann die Vergütung festgelegt, Stellen passend besetzt, Mitarbeiter für die Aufstiegsfortbildung ausgewählt und Arbeitszeugnisse erstellt werden. Betriebliche Anlässe sind turnusmäßige Beurteilungen, der Ablauf der Probezeit, vor Versetzungen oder geplante Weiterbildungen.

Das Beurteilungsverfahren

In der Regel erfolgen Beurteilungen mit Hilfe eines standardisierten Verfahrens. Beurteilt werden die **Leistung**, das **Verhalten** und das **Potenzial.** Außerdem werden Beurteilungen unterschieden nach dem Beurteilten: die **Mitarbeiterbeurteilung**, die **Selbstbeurtei-**

lung, die **Vorgesetztenbeurteilung** und das **360°-Feedback**, das die verschiedenen Arten vereint.

Im Beurteilungsverfahren wird der Mitarbeiter über einen angemessenen Zeitraum anhand der vorgegebenen Merkmale beobachtet. Zum Ende des Beobachtungszeitraums wird eine Bewertung im Beurteilungsbogen festgehalten. Dann wird sie dem Mitarbeiter erläutert.

Typische **Beurteilungsfehler** sind

- der **Halo-Effekt** (Beurteiler schließt von einem herausstechenden positiven oder negativen Merkmal auf andere Merkmale),
- Übernahmefehler (ungeprüfte Übernahme der vorhergehenden Beurteilungen),
- der **Nikolauseffekt** (Mitarbeiter steigert seine Leistungen während der Beobachtungsphase) und die
- **Tendenz zur Milde bzw. zur Mitte.**

Das Beurteilungsgespräch

Das Beurteilungsgespräch ist fast noch wichtiger als die eigentliche Beurteilung. Zuvor wird der Mitarbeiter über den Gesprächstermin informiert, vielleicht erhält er bereits zur Vorbereitung den Beurteilungsbogen. Im Gespräch legt der Vorgesetzte den Gesprächsablauf dar, informiert über Sinn und Anlass der Beurteilung und legt Gesprächsziele fest. Im Gespräch werden die Zielvereinbarungen aus dem letzten Beurteilungsgespräch genannt und festgehalten, wie weit diese Ziele erreicht wurden. Dann werden die einzelnen Merkmale erläutert. Der Mitarbeiter kann hierzu eine Selbsteinschätzung geben. Am Ende wird das Gespräch zusammengefasst und es werden neue Ziele formuliert. Das Unternehmen sollte regelmäßig sein Beurteilungsverfahren überprüfen.

2.6. Personalbedarfs-, Personalkosten- und Personaleinsatzplanung

Phasen der Personalbedarfsplanung

Zunächst werden die momentane Personalsituation, der Personalbestand unter quantitativen und qualitativen Aspekten, die Fluktuations-, Krankheits- und Mehrarbeitsquote sowie die Personalkosten und der externe Arbeitsmarkt analysiert. Entsprechend der Analyse und den Unternehmenszielen werden die Ziele der Personalbedarfsplanung formuliert – kurz-, mittel- und langfristig -, die Umsetzung geplant und durch das Controlling beobachtet.

Methoden der Personalbedarfsplanung

Der **Bruttobedarf** kann geschätzt oder mit Hilfe der Pro-Kopfleistung oder der Personalquote berechnet werden. Für Arbeitsvorgänge kann ein Zeitaufwand bestimmt werden, mit dessen Vorgaben der quantitative Bedarf ermittelt wird. Anhand der Bruttobedarfsplanung ermittelt das Unternehmen den **Nettobedarf:** Bruttobedarf ./. Ist-Personalbestand zu Anfang des Planungszeitraums + Abgänge im Planungszeitraum - Zugänge im Planungszeitraum = **Nettobedarf**. Der Nettobedarf bestimmt Maßnahmen der Personalbeschaffung, -freisetzung und -entwicklung.

Instrumente der Personalbedarfsplanung
Das **Organigramm** gibt die Struktur der Aufbauorganisation wieder, im **Stellenplan** sind alle Stellen des Unternehmens, im **Stellenbesetzungsplan** die Stellen und die momentane Stellenbesetzung aufgeführt. Die **Arbeitsplatzbeschreibung** ist eine konkrete Beschreibung der Tätigkeiten eines Stelleninhabers sowie der Über- und Unterstellung, die **Stellenbeschreibung** enthält u.a. das Ziel der Stelle, Aufgaben, Befugnisse und Verantwortungen. Das Anforderungsprofil zeigt die geforderten Kompetenzen auf.
Die Personalkostenplanung: Parallel zur quantitativen und qualitativen Personalbedarfsplanung erfolgt die Personalkostenplanung. Personalkostenarten sind direkte (unmittelbare) Vergütungen und indirekte (gesetzliche, tarifliche und freiwillige Nebenkosten) Personalkosten.
Die Personaleinsatzplanung: Die Personaleinsatzplanung passt den Personaleinsatz an den zu erwartenden Arbeitsanfall an. Sie soll gewährleisten, dass die betrieblichen Aufgaben in optimaler Qualität ausgeführt werden und das Unternehmen die Kundenansprüche erfüllen kann. Die gesetzlichen Arbeitszeitbestimmungen müssen eingehalten und die Interessen der Mitarbeiter berücksichtigt werden.

2.7. Planen und Organisieren von Qualifizierungsmaßnahmen

Methoden zur Ermittlung des Weiterbildungsbedarfs
Bei der Bedarfsermittlung. werden die betrieblichen Anforderungen mit dem Können, den Qualifikationen und Erwartungen der Mitarbeiter verglichen, um Defizite festzustellen. Weitere Möglichkeiten, den Leistungsstand der Mitarbeiter und deren Qualifikationen zu erkennen, sind Assessmentcenter, Arbeitsproben, Mitarbeit in Projekten und Zielvereinbarungen.

Qualifizierungsmaßnahmen
Ist der Bedarf ermittelt, werden die Maßnahmen geplant (Lerninhalte, Lernziele, Methoden, Termine, Schulungsort, Lernmittel, Teilnehmergruppen, Kosten).

Der Lernprozess
Entsprechend der Lerninhalte werden **Lernziele** formuliert. *(hierzu mehr in Kap. 2.4)*. Lernziele, Lernzielbereiche und Taxonomie bestimmen die Methode der Maßnahme. Methoden werden unterschieden nach dem Grad der Beteiligung der Teilnehmer (passiv bzw. trainerzentriert, aktiv bzw. teilnehmerzentriert) sowie nach dem Lernort: Training-on-the-job, Training-by-the-job, Training-off-the-job. Die wichtigsten Methoden sind das Lehrgespräch (Trainer entwickelt fragend entwickelnd die Inhalte), das Projektlernen (Selbsterarbeitung einer komplexen Aufgabenstellung durch die Teilnehmer), Vier-Stufen-Methode (Vorbereitung, vormachen des Trainers, nachmachen der Teilnehmer und üben) und die vollständige Handlung (einführen durch den Trainer anhand von Leittexten, Informieren und Planen der Teilnehmer, gemeinsame Entscheidung von Trainer und Teilnehmer, Ausführen, Eigen-

kontrolle der Teilnehmer und abschließend eine gemeinsame Bewertung). Blended Learning ist eine Mischung aus Eigenstudium und Seminaren.

Lernerfolgskontrollen überprüfen, ob die Ziele des Seminars und die Ziele der Teilnehmer erreicht wurden. Dabei sollte die Kontrolle über das Ende des Seminars hinausgehen und auch den Transfer am Arbeitsplatz umfassen.

2.8. Personalkennziffern

Personalinformationssysteme ermöglichen eine rationelle Erledigung der Personalverwaltung wie z.B. die Personalaktenführung, Lohn- und Gehaltszahlung, die fortlaufende Ermittlung des Personalbedarfs, die kontinuierliche Beobachtung von Beurteilungen, die Bearbeitung von Bewerbungen und die Auswahl geeigneter Bewerber sowie die Ermittlung und Auswertung von Personalstatistiken. Um diese Aufgaben zu erfüllen, besteht ein Personalinformationssystem aus verschieden **Datenbanken**: Personalstammdaten-, Laufbahndaten-, Qualifikationsdaten- und Arbeitszeitendatenbank.

Personalkennziffern ermöglichen Aussagen zur Gesamtheit des Personals oder zu Mitarbeitergruppen und sind daher eine wichtige Grundlage des Controllings. Die Personalstruktur, die -bewegungen, die Arbeitszeiten sowie die Aufwendungen werden statistisch ausgewertet. Neben dem Soll-Ist-Vergleich von Kennziffern spielen im Personalcontrolling auch qualitative, nur teilweise mit Zahlen belegbare Aspekte eine wichtige Rolle. Geeignete Instrumente sind die Mitarbeiterbeurteilungen, das Assessmentcenter sowie die Mitarbeiterbefragung.
Die **Balanced Scorecard** ist ein Controllinginstrument, das die Visionen und Strategien des Unternehmens in den Mittelpunkt stellt und mit den verschiedenen Unternehmensbereichen verknüpft: dem Finanzbereich, den internen Geschäftsprozessen, sowie der Kundenzufriedenheit.

2.9. Entgeltsysteme

Die Pflicht zur Vergütung ist die Hauptpflicht des Arbeitgebers. Zusätzlich will ein Arbeitgeber mit der Vergütung z.B. die Mitarbeiter motivieren, Anreize schaffen, Mitarbeiter binden und neue Mitarbeiter gewinnen.

Entgeltformen

Beim **Zeitlohn** wird die Vergütung anhand der Arbeitszeit berechnet. Im Handel werden oft Zeit- und **Leistungslohn** miteinander kombiniert. Zusätzlich zum Zeitlohn erhalten die Mitarbeiter **Provision** auf die z.B. getätigten Umsätze oder **Prämien** z.B. auf den Verkauf von Altware oder die Aufdeckung eines Ladendiebstahls. Der Akkordlohn besteht aus dem Mindest- oder Ecklohn und dem Akkordzuschlag, der die Leistungsmenge berücksichtigt. Leistungen des **Soziallohns** sind z.B. zusätzliche Versicherungsleistungen, Sachleistungen in Form von Deputaten oder Personalrabatt, Darlehen, Bereitstellung von Kindergartenplätzen oder eines Dienstwagens. Beim Cafeteria-System kann sich der Mitarbeiter aus vielen Vergütungsleistungen individuell das aussuchen, was er besonders schätzt. In Kapitalgesellschaften können Mitarbeiter am Unternehmen beteiligt werden oder auf Grundlage des Betriebsergebnisses eine Sondervergütung erhalten.

2.10. Entwicklung von Mitarbeitern, Teambildung, Mitarbeitergespräche

Ein Unternehmen muss sicherstellen, dass die Mitarbeiter fachlich und persönlich geeignet sind, ihre Aufgaben zu erfüllen. Handelsunternehmen sichern ihre Expansion: Es sind ausreichend Mitarbeiter und Nachwuchskräfte vorhanden, um neue Stellen zu besetzen Außerdem ist die Mitarbeiterförderung ein gutes Mittel, sein Image als Arbeitgeber zu stärken.

Ziele der Mitarbeiter

Die Ziele der Mitarbeiter können konform mit den Zielen des Unternehmens sein: den Anforderungen des Arbeitsplatzes gerecht werden, mit seinen Leistungen anerkannt werden, zufrieden in seinem Beruf sein, gefordert und dabei nicht überfordert werden, Perspektiven für die Zukunft erkennen. Doch Mitarbeiter wollen auch für den Arbeitsmarkt fit sein, falls sie ihren Arbeitsplatz verlieren sollten oder sie im Unternehmen keine ausreichenden Perspektiven sehen.
Vertikale Laufbahnplanung gestaltet den beruflichen Werdegang von der untersten Hierarchiestufe nach oben, bei der **horizontalen Laufbahnplanung** wird der Mitarbeiter gefördert und entwickelt, ohne dass dies mit einem hierarchischen Aufstieg verbunden ist. Bei der Laufbahnplanung stehen die Mitarbeiter im Mittelpunkt. Im Gegensatz dazu steht bei der **Nachfolgeplanung** eine Stelle im Mittelpunkt der Überlegungen.

Personalentwicklungsinstrumente on-the-job

Die wichtigsten Methoden „on-the-job" sind **Job-rotation** (Mitarbeiter werden systematisch in mehreren Bereichen des Unternehmens eingesetzt), **Job-enrichment** (Mitarbeiter erhalten Sonderaufgaben außerhalb ihrer Stellenbeschreibung, um Potenziale zu erkennen und sie zu motivieren) und **Job-enlargement** (Die Mitarbeiter erhalten ein quantitativ erweitertes Aufgabenfeld).

Mitarbeitergespräche

Das Mitarbeitergespräch ist das wichtigste Führungsmittel des Vorgesetzten. Der Anlass bestimmt die Art des Gesprächs: Im **Fördergespräch** wird dem Mitarbeiter sein weiterer beruflicher Werdegang erläutert und mögliche Maßnahmen vereinbart. Im **Kritikgespräch** erläutert der Vorgesetzte dem Mitarbeiter sein Fehlverhalten und trotzdem zeigt er seine Wertschätzung und motiviert ihn. Im **Konfliktgespräch** sollen die Ursachen für den Konflikt herausgefunden werden, um dann Lösungen zu erarbeiten. Im **Feedbackgespräch** tauschen sich Vorgesetzter und Mitarbeiter über ihre persönlichen und daher subjektiven Eindrücke aus. In **Zielvereinbarungsgesprächen** verständigen sich Vorgesetzter und Mitarbeiter über zukünftige Ziele. Nach § 84 Abs. 2 SGB IX ist es erforderlich, dass der Vorgesetzte während und nach Krankheit (länger als 6 Wochen) mit dem Mitarbeiter in einem **Rückkehrgespräch** bespricht, welche Einschränkungen vorliegen und wie trotzdem die betrieblichen Anforderungen erfüllt werden können. Im **Trennungsgespräch** werden der Austritt des Mitarbeiters und die Modalitäten besprochen wie z.B. Kündigung oder Auflösung, ggf. Abfindung, Urlaubsregelungen, Mehrarbeitsvergütung. Hat der Mitarbeiter über das Normalmaß hinaus Leistung oder Engagement gezeigt, lobt der Vorgesetzte zeitnah in einem **Anerkennungsgespräch** diesen Erfolg (*Beurteilungsgespräch siehe 2.5*).

Ablauf von Mitarbeitergesprächen

Zu Gesprächsbeginn versucht der Vorgesetzte einen positiven Kontakt zum Mitarbeiter herzustellen und es werden das Thema des Gesprächs und der geplante Ablauf genannt. Dann werden Fakten, Informationen, Sichtweisen und Beobachtungen ausgetauscht. Dabei muss der Vorgesetzte sich klar ausdrücken und Daten und Fakten präzise nennen. In der Verhandlungs- bzw. Vereinbarungsphase werden im Sinne der Zielerreichung Maßnahmen, Aktivitäten oder Bedingungen möglichst einvernehmlich beschlossen. Dabei ist zu überlegen, was bei der Umsetzung zu beachten ist, wer von der Entscheidung noch betroffen ist und wie und wann die Kontrolle stattfindet. Die Gesprächsergebnisse werden schriftlich festgehalten, vom Mitarbeiter gegengezeichnet und in der Personalakte aufgehoben. Genauso wichtig wie der positive Einstieg ist der motivierende Abschluss. Bei der Nachbereitung überdenkt der Vorgesetzte nochmals das Gespräch und vergleicht die Ergebnisse mit den geplanten Zielen aus der Vorbereitung.

Teamentwicklung

Die wichtigsten Führungsaufgaben des Vorgesetzten im Team sind das gemeinsame Entwickeln von Zielen, die Planung von Aktivitäten, die Beobachtung der gruppendynamischen Prozesse im Team, ggf. notwendige Veränderungen der Gruppenstrukturen und das rechtzeitige Erkennen von Konflikten und das gemeinsame Entwickeln von Lösungen.

Gruppendynamische Prozesse beschreiben das Zusammenwirken von Gruppenmitgliedern, ihr Verhalten zueinander. Dabei werden unterschieden: Das Team einer Abteilung oder die Projektgruppe sind **formelle Gruppen**. Sie wurden entsprechend der organisatorischen Strukturen vom Unternehmen gebildet. Innerhalb der formellen Teams gibt es Mitarbeiter, die sich besonders gut verstehen, das sind **informelle Gruppen**. Sie schaffen soziale Kontakte zwischen den Mitarbeitern und können zu einem positiven Arbeitsklima sowie gegenseitigem Verständnis beitragen. Andererseits können informelle Gruppen Mitarbeiter ausgrenzen, sich gegen den Vorgesetzten verbünden und nach Einfluss und Profilierung streben.

Kommunikationsstrukturen und -netze werden von den organisatorischen Strukturen bestimmt. Dabei werden unterschieden: **Kreisstruktur** (Jede Abteilung bestimmt einen Mitarbeiter, der Fragen aus anderen Abteilungen entgegennimmt. Nur über ihn wird nach außen kommuniziert), **Sternstruktur** (Der Vorgesetzte spricht mit jedem Mitarbeiter und trägt Ergebnisse zusammen, ein Austausch unter den Mitarbeitern ist nicht vorgesehen), **Vollstruktur** (Jeder Mitarbeiter kann mit jedem Mitarbeiter kommunizieren, alle Mitarbeiter können sich austauschen).

Nach der Bildung eines Teams durchläuft dieses verschiedene **Phasen.**

1. In der **Kennenlernphase** treffen sich die Teammitglieder in freudiger Erwartung und gleichzeitig mit Bedenken und Ängsten.
2. In der **Orientierungsphase/Forming** sind die Art der Zusammenarbeit und die Themenstellung noch unklar.
3. In der in der **Machtkampfphase/Storming** zeigen sich Interessenkonflikte und Konkurrenzkämpfe.
4. Das Ergebnis sind in der **Norming**-Phase .Regeln, Ziele und Aufgaben sowie deren Verteilung.
5. In der **Produktionsphase/Performing** arbeiten die Teammitglieder mit hohem Engagement.
6. Ist das Ziel erreicht und **löst** das Team sich wieder **auf**, sind die Mitglieder stolz und bedauern das Ende der Zusammenarbeit

Projektmanagement

Im betrieblichen Alltag werden oft Aufträge als Projekt bezeichnet. Ein Projekt ist eine einmalige Aufgabe, hat ein konkretes Ziel, ist zeitlich, personell und finanziell begrenzt, erzielt ein eigenständiges Ergebnis und erfordert eine spezielle Organisation. Die Aufgabenstellung des Projekts ist komplex und vielschichtig, der Aufwand ist erheblich, erfordert umfangreiche Ressourcen und hat einen abteilungsübergreifenden Charakter. Projektmanagement ist die zielorientierte Organisation von Projekten mit speziellen Techniken und besonderen Arbeitsmitteln.

Das Projektmanagement teilt das Projekt in Phasen auf. In der **Definitionsphase** wird die Ist-Situation analysiert und Probleme aufgezeigt. Es werden Ziele definiert und im **Lasten/Pflichtenheft** festgehalten und Teilziele oder **Meilensteine** festgelegt. Dann werden die Mitglieder und der Leiter der Projektgruppe bestimmt und zu einem **Kick-off-Meeting** eingeladen. In der Planungsphase werden alle Aufgaben aufgelistet, zu Arbeitspaketen zusammengefasst, in einem Projektstrukturplan logisch und im Projektablaufplan zeitlich geordnet und den Projektmitarbeitern zugeordnet. Entsprechend wird der Kostenplan aufgestellt. Während der **Durchführungsphase** steuert der Leiter das Projekt, alle Mitarbeiter halten den Prozess und ihre Aufgabendurchführung im Projektordner fest. Zum Ende des Projekts wird das Ergebnis präsentiert und an den Auftraggeber übergeben. Dann findet noch eine Abschlussbesprechung der Projektgruppe statt, in der die Prozesse reflektiert werden. Die letzte Aufgabe des Projektleiters ist, den Abschlussbericht zu erstellen, der zusammen mit dem Projektordner aufbewahrt wird.

2.11. Kommunikation, Präsentations- und Moderationstechniken

Gesprächsführung

Mitarbeiter im Handel führen in ihrem Berufsalltag viele Gespräche, alle haben ähnliche Muster und Phasen (siehe dazu auch 2.5). Dabei gibt es Hilfen und **Techniken**, Gespräche angenehm und vertrauensvoll zu gestalten. Im **Feedback** gibt der Gesprächsteilnehmer wieder, was er auf der Sachebene und auf der Beziehungsebene gehört und aufgenommen hat. **Aktives Zuhören** wiederholt das Gesagte und spricht mögliche Gefühlsreaktionen an. Bei **ich-Botschaften** besteht die Chance, dass der Gesprächspartner Gründe für sein Verhalten erläutert. **Offene Fragen** veranlassen den Gesprächspartner, sich zu äußern und seine Wünsche, Erwartungen und Meinung darzulegen.

Kommunikation bedeutet Verständigung, den Austausch zwischen mehreren Partnern. Dieser Austausch erfolgt auf zwei Ebenen: Auf der **Sachebene** werden Sachinformationen übermittelt, auf der **Beziehungsebene** werden Emotionen bewusst oder unbewusst weitergegeben. In jeder Kommunikation gibt es zwei Partner: Sender und Empfänger. Dabei wechseln die Kommunikationspartner ständig die Rollen des Senders und des Empfängers. Die **verbale Kommunikation** mit Hilfe der Sprache erfolgt im persönlichen Gespräch oder schriftlich. Die nonverbale Kommunikation drückt sich durch die Körpersprache aus: z.B. Mimik, Gestik, Körperhaltung. Nach F. **Schulz von Thun** enthält jede Aussage vier verschiedene Aussagebereiche: Sachaussage (Sender gibt Information), Selbstaussage (Sender gibt Angaben zur eigenen Person), Beziehungsaussage (Sender sagt etwas über seine Einstellung zum Empfänger) und Appell (Sender fordert Empfänger zum Handeln auf). Somit ist Kommunikation eine Wechselbeziehung zwischen Sender und Empfänger. Je stärker sich beide bemühen, verständlich zu sein und den anderen verstehen zu wollen, umso besser gelingt eine gute Kommunikation.

Konfliktmanagement

Konflikte entstehen, wenn unterschiedliche Meinungen und Interessen aufeinanderstoßen. Können Konflikte gelöst werden, setzt dies Energie und Aktivitäten frei und regt die Kreativität an. Konflikte können aber auch zu Chaos und Instabilität führen. **Intrapersonelle** Konflikte trägt ein Mitarbeiter in sich selbst: Verschiedene Motivationen, Erwartungshaltungen und Entscheidungszwänge treffen aufeinander. **Interpersonelle** Konflikte bestehen im betrieblichen Alltag zwischen verschiedenen Personen oder verschiedenen Gruppen. Ursachen sind oft ungeklärte Verantwortlichkeiten, unerfüllte Erwartungen, keine oder zu wenig Kommunikation. Konflikte verlaufen oft so: Erste Spannungen werden sichtbar: Mitarbeiter sprechen nur das Notwendigste miteinander, im Team ist „dicke Luft", persönliche Kontakte werden vermieden. Dann suchen die Mitarbeiter jeweils Verbündete im Team, beim Betriebsrat oder anderen Stellen. Der Konflikt wird zum offenen Kampf. Bei der letzten Stufe wollen die Gegner sich nur noch verletzen. Bei der Konfliktlösung hat die Führungskraft zwei Ziele: Bei den Konfliktbeteiligten den Willen zu entwickeln, den Konflikt zu lösen und Verhalten zu ändern. Dazu muss man mit den Konfliktverursachern sprechen, ggf. mit einem Mediator. **Heiße Konflikte** werden offen ausgetragen und sind daher gut zu erkennen. Bei **kalten Konflikten** gibt es keine offene Auseinandersetzung, dafür aber Abgrenzung, Resignation und Ablehnung.

Moderations- und Präsentationstechniken
Bei der Präsentation unterstützt der Redner seinen Vortrag mit visuellen Mitteln wie Beamer, Pinnwand, Tageslichtprojektor, Smartboard, Tafel oder Flipchart. Die Präsentation startet mit der Nennung von Anlass und Ziel der Präsentation. Die Moderation ist eine Form der Kommunikation in einer Gruppe, die sich gut zur Problemlösung einsetzen lässt. Der Moderator ist nicht Beteiligter im Prozess, er gibt den Ablauf vor, fördert gute Ideen und Dynamik und führt die Gruppe zu konkreten, nachprüfbaren Ergebnissen. Bei der Metaplan-Methode wird auf Pinnwänden mit Moderationskarten, Stiften und Nadeln gearbeitet.

2.12. Arbeits- und Gesundheitsschutz

Einiges lässt sich dafür tun, dass die Mitarbeiter bis zur Pensionierung leistungsfähig bleiben und die Krankheitsquote im Unternehmen niedrig ist. Obendrein dient der Arbeits- und Gesundheitsschutz auch dem Image des Unternehmens als guter Arbeitgeber. **Sportprogramme** können helfen, die Krankheitsquote von Rücken- und Muskelerkrankungen sowie von Herz-Kreislauf-Erkrankungen zu senken und das Wohlbefinden der Mitarbeiter während der Arbeit zu steigern. Erkrankt ein Mitarbeiter in einem Jahr länger als 6 Wochen, ist der Arbeitgeber zum **betrieblichen Eingliederungsmanagement** verpflichtet, um mit dem Mitarbeiter zu klären, welche Bedingungen verändert werden müssen, so dass der Mitarbeiter an seinen Arbeitsplatz zurückkehren kann. Bei der **Ernährungsberatung** lernen die Mitarbeiter durch eigene Beobachtung ihr Essverhalten zu erkennen, Fehler zu korrigieren und gutes und gesundes Essen zu genießen. Schulden eines Mitarbeiters führen zu Stress und seinen Folgen. Daher kann ein Unternehmen durchaus interessiert sein, Mitarbeiter bei ihrem Schuldenabbau zu unterstützen, z.B. durch Beratung oder die Gewährung von Krediten. Früher wurden **Suchtprobleme** im Unternehmen eher totgeschwiegen. Wird ein Mitarbeiter auffällig, ist es wichtig, sofort mit ihm ein Gespräch zu führen. Der Vorgesetzte sollte ihn auffordern, Beratungsstellen aufzusuchen und Therapiemaßnahmen anzunehmen. Gleichzeitig muss er ihm aber auch Konsequenzen aufzeigen, wenn er diese Hilfen nicht in Anspruch nimmt und sich nicht um eine Heilung von der Sucht bemüht.

Vereinbarkeit von Beruf und Familie *(s. hierzu Kap. 2.2)*

2.13. Ausgewählte arbeitsrechtliche Bestimmungen

Das Arbeitsrecht kennt die Besonderheit, dass ranghöheres Recht ausdrücklich Ausnahmen in niedrigeren Rechtsquellen zulässt. Eine dieser Ausnahmen ist die Öffnungsklausel. Die zweite Ausnahme stellt das **Günstigkeitsprinzip** dar: Eine Abweichung von höherrangigem Recht ist zulässig, wenn sie für den Arbeitnehmer günstiger ist. Die **betriebliche Übung** ist z.B. vom Weihnachtsgeld bekannt. Zahlt der Arbeitgeber mehrfach in Folge ohne Vorbehalt ein Weihnachtsgeld, so ist er dauerhaft daran gebunden.

Arbeitnehmer ist, wer gegen Entgelt für einen Dritten weisungsgebunden tätig ist. **Arbeitgeber ist**, wer mindestens einen Arbeitnehmer beschäftigt.

Schon bei der Stellenausschreibung ist das **allgemeine Gleichbehandlungsgesetz** zu berücksichtigen. Danach darf eine Diskriminierung ohne sachlichen Grund nicht stattfinden. Das Gleichbehandlungsgesetz ist im Betrieb auszulegen, der Arbeitgeber hat vorkehrende Maßnahmen gegen Diskriminierungen zu treffen. So darf auch in **Personalfragebögen** oder im **Vorstellungsgespräch** keine Diskriminierung vorkommen. Bestimmte Fragen sind unzulässig. Solche Fragen dürfen bewusst falsch beantwortet werden.
Arbeitsverträge können mündlich, schriftlich oder konkludent abgeschlossen werden. Es besteht Formfreiheit. Allerdings schreibt das **Nachweisgesetz** vor, dass ein Arbeitsvertrag innerhalb von vier Wochen nach Abschluss schriftlich fixiert werden muss. Der **Mindestlohn** darf, bis auf wenige Ausnahmen, nicht unterschritten werden.

Zwischen den Parteien kann für eine Dauer von bis zu 6 Monaten eine **Probezeit** vereinbart werden. Arbeitsverträge können befristet werden, und zwar aus einem **sachlichen Grund oder ohne sachlichen Grund**, dann für maximal zwei Jahre. Innerhalb dieser Zeit darf der Vertrag höchstens dreimal verlängert werden. Darüber hinaus darf der Arbeitnehmer zuvor in diesem Betrieb nicht beschäftigt gewesen sein. Bei **Existenzgründern** ist eine Befristung bis zu vier Jahre möglich, bei Arbeitnehmern, die das 52. Lebensjahr vollendet haben und zuvor mindestens vier Monate beschäftigungslos waren, für bis zu fünf Jahre. Verstößt die Befristung gegen eine der Voraussetzungen, so gilt der Arbeitsvertrag als unbefristet.
Im Rahmen einer **Teilzeitbeschäftigung** ist auch eine **Arbeit auf Abruf** möglich. Wenn die Parteien vertraglich nichts anderes vereinbart haben, so gelten mindestens 3 Stunden/pro Tag, 10 Stunden/pro Woche als vereinbart. Dem Arbeitnehmer ist die Lage der Arbeitszeit mindestens vier Tage im Voraus bekanntzugeben.
Daneben gibt es die Möglichkeit der **geringfügigen Beschäftigung** sowie der **kurzfristigen Beschäftigung**.

Der Arbeitgeber hat ein **Weisungsrecht (Direktionsrecht)**, aber auch eine **Fürsorgepflicht**. Hierzu gehört insbesondere die Einhaltung von **Arbeitnehmerschutzvorschriften**. Der Arbeitnehmer hat seinerseits die Verpflichtung, seine Arbeitskraft vollständig zur Verfügung zu stellen. Im Rahmen eines **Berufsausbildungsverhältnisses** hat der Ausbilder dafür Sorge zu tragen, dass dem Auszubildenden die notwendigen praktischen Kenntnisse und Fähigkeiten vermittelt werden. Er hat den Auszubildenden zum Besuch der Berufsschule anzuhalten und ihn hierfür freizustellen. Der Auszubildende hat insbesondere die Pflicht, die Kenntnisse und Fähigkeiten zu erwerben, die zum Erreichen des Ausbildungsziels erforderlich sind, und die ihm übertragenen Aufgaben sorgfältig auszuführen. Die Ausbildungsstätte muss für die Berufsausbildung geeignet sein, die Zahl der Auszubildenden in einem angemessenen Verhältnis zur Zahl der Ausbildungsplätze stehen. Der Ausbilder muss **persönlich und fachlich geeignet** sein.

Im Arbeitsverhältnis sind diverse Arbeitsschutzbestimmungen zu berücksichtigen: Das **Arbeitszeitgesetz** regelt die höchstmögliche Arbeitszeit, die Lage der Arbeitszeit sowie die Dauer und Lage der Pausen. Das **Jugendarbeitsschutzgesetz** regelt dies für minderjährige Arbeitnehmer. Das **Bundesurlaubsgesetz** legt den Urlaubsanspruch von Arbeitnehmern und die Grundsätze für die Vergabe des Urlaubs fest. Nach dem **Entgeltfortzahlungsgesetz** hat der Arbeitgeber im Krankheitsfalle des Arbeitnehmers für bis zu sechs Wochen den Lohn fortzuzahlen. Für Schwangere und Mütter enthält das **Mutterschutzgesetz** Regelungen zur **Gestaltung des Arbeitsplatzes**, zu **Beschäftigungsbeschränkungen** und -**verboten** und den **Schutzfristen**. So ist der Arbeitsplatz so zu gestalten, dass eine Gefährdung der werdenden oder stillenden Mutter ausgeschlossen ist. Es sind Vorkehrungen zum Schutz von Leben und Gesundheit der Mutter zu treffen. Arbeiten, die schädliche Einwirkungen für Mutter oder Kind bedeuten würden, Mehrarbeit zwischen 20:00 und 6:00 Uhr und an Sonn- und Feiertagen sind untersagt. 6 Wochen vor und 8 bis zu 12 Wochen nach der Entbindung besteht die Mutterschutzfrist. Die Kündigung einer Schwangeren ist grundsätzlich unwirksam.

Auch für **Schwerbehinderte** oder deren Gleichgestellte hat der Arbeitgeber besondere Schutzvorschriften zu beachten. Unter bestimmten Voraussetzungen ist der Arbeitgeber verpflichtet, Schwerbehinderte zu beschäftigen. Erfüllt er diese Verpflichtung nicht, so hat er eine **Ausgleichsabgabe** zu zahlen. Der Arbeitsplatz ist ggfs. barrierefrei zu gestalten. Schwerbehinderte sind auf Wunsch von Mehrarbeit freizustellen und haben fünf Arbeitstage zusätzlichen Urlaub im Jahr. Die Kündigung eines Schwerbehinderten bedarf der Zustimmung des Integrationsamts.

Die Ausübung von **Nebentätigkeiten** bedarf der Genehmigung des Arbeitgebers. Die kann insbesondere untersagt werden, wenn die Arbeitsleistung durch die Nebentätigkeit beeinträchtigt wird.

Kommt der Arbeitnehmer seinen Verpflichtungen aus dem Arbeitsverhältnis nicht ordnungsgemäß nach, so kann er abgemahnt werden. Eine **Abmahnung** hat schriftlich zu erfolgen. Sie muss deutlich machen, dass im Wiederholungsfalle eine Kündigung droht.

Ein Arbeitsverhältnis kann durch eine **ordentliche oder außerordentliche Kündigung** beendet worden. Die ordentliche Kündigung ist die Kündigung unter Einhaltung von Fristen. Die außerordentliche Kündigung ist eine fristlose Kündigung aus wichtigem Grund. Ein wichtiger Grund liegt z.B. im Falle von Diebstahl, Betrug oder Unterschlagung vor.

Wenn der Arbeitnehmer mindestens sechs Monate in dem Betrieb beschäftigt ist und der Arbeitgeber mehr als zehn Arbeitnehmer beschäftigt, gilt das Kündigungsschutzgesetz. Danach muss eine Kündigung **sozial gerechtfertigt** sein. Sozial gerechtfertigt ist nur eine **personenbedingte Kündigung**, eine **verhaltensbedingte Kündigung** oder eine **betriebsbedingte Kündigung**. Verhaltensbedingt ist eine Kündigung immer dann, wenn sie auf das Verhalten des Mitarbeiters gestützt wird, sie setzt eine vorherige Abmahnung voraus. Eine personenbedingte Kündigung dagegen ist in Gründen der Person des Arbeitnehmers zu finden, wie z.B. langer Krankheit. Bei einer betriebsbedingten Kündigung liegen die Gründe auf Seiten des Arbeitgebers, so z.B. bei erheblichen Umsatzrückgängen oder einer Insolvenz. Hier muss der Arbeitgeber soziale Gesichtspunkte wie Betriebshörigkeit, Alter, Unterhaltspflichten berücksichtigen.
Eine Änderungskündigung ist eine Kündigung mit dem gleichzeitigen Angebot auf Abschluss eines neuen Arbeitsvertrags zu geänderten Bedingungen. Wird dieser neue Vertrag von dem Arbeitnehmer nicht angenommen, so gilt die Kündigung.
Will sich der Arbeitnehmer gegen eine Kündigung wehren, so hat er innerhalb von 3 Wochen ab Zugang der schriftlichen Kündigung Kündigungsschutzklage beim zuständigen Arbeitsgericht zu erheben.

Ein Arbeitsverhältnis kann darüber hinaus durch **Aufhebungsvertrag, Vergleich, Auflösung durch Urteil oder Tod des Arbeitnehmers** beendet werden.
Bei der Beendigung des Arbeitsverhältnisses hat der Arbeitnehmer einen Anspruch auf ein qualifiziertes **Arbeitszeugnis**, das neben Angaben über Art und Dauer der Beschäftigung auch eine Beurteilung von Leistung und Verhalten des Arbeitnehmers enthält.
In Betrieben, in denen mindestens fünf wahlberechtigte Arbeitnehmer, von denen 3 wählbar sind, beschäftigt werden, können **Betriebsräte** gewählt werden. Ihre Rechte sind die **Mitwirkung** und die **Mitbestimmung**. Zu den Mitwirkungsrechten gehören **Informations- und Beratungsrechte**. Der Arbeitgeber ist hier jedoch in seiner Entscheidung frei. Anders beim Mitbestimmungsrecht. Hier benötigt er die **Zustimmung** des Betriebsrats. Ohne sie darf er die Maßnahme nicht durchführen. So darf der Arbeitgeber ohne Zustimmung des Betriebsrats keinen Mitarbeiter einstellen. Anders ist es bei einem reinen Anhörungsrecht, z.B. bei einer geplanten Kündigung. Hierzu muss der Arbeitgeber dem Betriebsrat sämtliche erforderlichen Informationen geben. Dann hat dieser eine Woche Zeit, der Maßnahme zuzustimmen, ihr mit einer Begründung zu widersprechen oder die Frist verstreichen zu lassen, was als Zustimmung gilt. Im Falle einer fristlosen Kündigung beträgt die Anhörungsfrist nur drei Tage. Der Arbeitgeber kann auch bei Widerspruch des Betriebsrats kün-

digen. Eine ohne **vorherige Anhörung** des Betriebsrats ausgesprochene Kündigung ist dagegen unwirksam!

Weitere Organe des Betriebsverfassungsgesetzes sind die **Betriebsversammlung**, die **Jugend- und Auszubildendenvertretung**, der **Wirtschaftsausschuss** sowie die **Schwerbehindertenvertretung**. Die **Einigungsstelle** dient zur Beilegung von Rechtsstreitigkeiten zwischen Arbeitgeber und Betriebsrat.

Arbeitgeber, Arbeitgeberverbände und Gewerkschaften können **Tarifverträge** abschließen. Diese dienen der Ordnung des Arbeitslebens (**Ordnungsfunktion**), dem Schutz der Arbeitnehmer (**Schutzfunktion**), und sie haben eine **Friedensfunktion**: Während eines bestehenden Tarifvertrags sind Arbeitskampfmaßnahmen wie Streik oder Aussperrung nicht zulässig.

3. Handelsmarketing

3.1. Marketing: Vom Markt her denken

Marketing ist eine unternehmerische Denkweise, die den Absatzmarkt in den Mittelpunkt stellt und sich auf alle Maßnahmen zur Marktbildung und -beeinflussung bezieht.

3.2. Handelsrelevante Entwicklungen

Entwicklung vom Verkäufer- zum Käufermarkt: Ein Verkäufermarkt ist gekennzeichnet von einem begrenzten Angebot und einer großen Nachfrage. Der Käufermarkt ist gekennzeichnet von einem großen Angebot. Der Käufer wird von vielen Konkurrenten umworben. Viele Märkte sind gesättigt. Auf den Erfolg eines Unternehmens nehmen immer mehr **Umfeldfaktoren** Einfluss. Dazu gehören:

Gesellschaftlich-soziale Trends:
In Deutschland sinkt die Bevölkerung; der Anteil der älteren Bevölkerung erhöht sich. Die Personenzahl je Haushalt sinkt, Ein- und Zweipersonenhaushalte nehmen zu. Veränderungen betreffen auch die Einkommensverteilung.

Technologische Trends
Ca. 80 % der Deutschen nutzen das Internet. So ist es für die Anbieter eine Pflicht, eine Homepage mit der eigenen Werbung zu pflegen. Auf der Anbieterseite optimiert RFID die Beschaffung. Die Lebenszyklen der Produkte verkürzen sich stark.

Ökonomische Trends:
In den letzten Jahren stiegen die Reallöhne. Mit eigenen online-shops hat die Industrie den Umsatz des stationären Handels beeinträchtigt.

Politisch-rechtliche Entwicklungen:
Die Bedeutung von Verbraucherschutz und Datenschutz nimmt zu. Die Ansiedlung vom Großflächen auf der grünen Wiese wird stärker reglementiert.

Ökologie und Nachhaltigkeit
Verbraucher stellen heute höhere Anforderungen an Unternehmen als früher. Fairtrade (wertschätzender Umgang mit den Lieferanten) und Nachhaltigkeit (Ressourcenschonung) werden vom Handel gefordert. Unter „Consumerismus" wird die Kritik breiterer Verbraucherschichten an Missständen in der Güter- und Dienstleistungsversorgung verstanden. Angestrebt werden eine verstärkte Information und gesetzliche Maßnahmen im Hinblick auf Gesundheit und Sicherheit des Verbrauchers. Aber nicht nur die Kunden stehen im Blickfeld des Handels. Ein gutes Image ist genauso wichtig bei Lieferanten, Medien, Verbänden, Behörden, Investoren und Mitarbeitern, um erfolgreich agieren zu können. Man bezeichnet diese Gruppen als **Stakeholder**.

Die **Dynamik der Betriebsformen im Handel**: Die Betriebsformen unterscheiden sich vor allem in der Betriebsgröße, dem Einsatz der Marketinginstrumente, dem Standort, dem Sortiment, dem Serviceangebot, der Preispolitik und den Distributionsarten. Die bekanntesten Betriebsformen im Groß- und Außenhandel sind Sortimentsgroßhandel, Spezialgroßhandel, Rack Jobber, Aufkaufhandel, Absatzgroßhandel, Produktionsverbindungshandel, Zustellgroßhandel, Abholgroßhandel (Cash & Carry), Konsumgütergroßhandel, Produktionsgütergroßhandel, Export-, Import- und Transitgroßhandel.
Im **Einzelhandel** unterscheidet man: Fachgeschäft, Spezialgeschäft, Boutique, Fachmarkt, Warenhaus, Kaufhaus, Gemischtwarengeschäft, Supermarkt, Verbrauchermarkt, SB-Warenhaus, Convenience Store, Discounter, Fachdiscounter und Convenience-Store. Die Betriebsformen verändern sich mit der Zeit. Angelehnt an den Produktlebenszyklus spricht man vom „Wheel of retailing", dem Gesetz von der Dynamik der Betriebsformen. Neue, preisaggressive Betriebsformen kommen auf den Markt. Ihr Umsatzanteil steigt, dann verlangsamt sich das Wachstum, es stagniert auf hohem Niveau, bis es zur Degeneration einer Betriebsform kommt. Den Verschleiß einer Betriebsform nennt man store erosion.
Die Grenzen zwischen **Versandhandel, stationärem Handel** und **E-Commerce** verschwimmen immer mehr. Stationäre Betriebsformen bieten ihre Ware auch über das Internet an, klassische Versender verkaufen verstärkt über das Internet und online-Versender wie z.B. Amazon tasten sich auch in den stationären Handel vor. Bei der jüngeren Generation gehört Shopping heute zur Freizeitgestaltung. Nutznießer sind vor allem die Shoppingcenter, die verstärkt die 1a-Lagen in den Citys der Großstädte erobert haben. Für die Zukunft dürften Convenience-betonte Betriebsformen wie z.B. Tankshops und Bahnhofsgeschäfte mit erweiterten Öffnungszeiten sowie Home-Shopping und Internethandel weiterhin gewinnen. Neue Unternehmenskonzepte, die in die bestehenden Schemata nicht einzuordnen sind, setzen sich am Markt durch, wie z.B. Pop-up-Stores, die übergangsweise leerstehende Immobilien nutzen und dort meist ohne große Investitionen in die Ladenausstattung preiswerte Ware verkaufen. Conceptstores arbeiten mit einem an einer spezifischen Zielgruppe ausgerichteten Sortiment z.B. aus den Bereichen Mode oder Kosmetik.

Bei den Betriebsformen des Großhandels werden lediglich die Absatzinstrumente modifiziert und Serviceleistungen erweitert. Diese Branche ist überwiegend mittelständisch geprägt. Unter Umsatzrückgängen leidet der Sortimentsgroßhandel. Große Handelsunternehmen und Einkaufskooperationen haben ihn oft ausgeschaltet und kaufen direkt beim Hersteller.
Die **Konzentration** im Handel setzt sich fort. Unternehmen werden durch Expansion, Übernahmen und Fusionen größer, manches inhabergeführte Einzelunternehmen gibt auf.

3.3. Entwicklung, Formen und Perspektiven der Kooperationen

Die Konzentration im Handel erfordert eine verstärkte Kooperation der mittelständischen Unternehmen. Bei **horizontalen** Kooperationen arbeiten Unternehmen der gleichen Han-

delsstufe zusammen – Großhändler mit Großhändler oder Einzelhändler mit Einzelhändler. Typische Formen sind Einkaufsverbände oder Einkaufsgenossenschaften, die Beschaffungsmengen bündeln, um bessere Konditionen zu erhalten. Außerdem werden internationale Beschaffungsquellen wie auch der Bezug starker Herstellermarken möglich. Eine weitere Möglichkeit der Zusammenarbeit bieten Erfa-Gruppen. In **vertikalen** Kooperationen arbeiten Partner unterschiedlicher Handelsstufen zusammen. Dabei gibt es eine Vielzahl von Formen wie z.B. Vertragshändler, Rack Jobber, Depotsysteme oder Concessions und Franchising. Bei **lateralen** Kooperationen arbeiten Unternehmen unterschiedlicher Branchen oder Wirtschaftsstufen zusammen. Eine Form dieser Kooperationsmöglichkeit sind City-Marketing-Gesellschaften.
Wichtige Herstellermarken bieten Vertriebskonzepte, die eine spezielle Zielgruppe ansprechen und als Systemangebot Kosten der Ladengestaltung und Warenpräsentation senken. (z.B. vertikale Partnerschaften wie Franchise und Concessions). Lieferant und Handelsunternehmen sind in der Warenwirtschaft vernetzt. Nur durch Kooperation ist auch die Entwicklung von Handelsmarken für kleinere Unternehmen möglich. Einkaufsverbände übernehmen auch die Zentralregulierung gegenüber Lieferanten. Sie bieten auch Betriebsberatung, Betriebsvergleiche sowie Logistik- und Informationskonzepte.

3.4. Markt-/Zielgruppenanalysen und Marketingstrategien

Marktanalysen sind eine unverzichtbare Grundlage für die Entwicklung einer Marketingstrategie. Bei der Analyse der Marktsituation wird die Aufteilung eines relevanten Markts nach Marktanteilen betrachtet. Das **Marktpotenzial** zeigt die maximal mögliche Aufnahmefähigkeit eines Marktes. Das **Marktvolumen** gibt die realisierte Absatzmenge an. Der **Marktanteil** ist der prozentuale Anteil des Umsatzes am Marktvolumen. Der **relative Marktanteil** ist das Verhältnis des Marktanteils des eigenen Unternehmens zum Marktanteil des größten Wettbewerbers. Im Rahmen der **Kundenanalyse** wird ermittelt welche Zielgruppen tatsächlich angesprochen werden. In der **Distributionsanalyse** werden alle Distributionsmöglichkeiten untersucht. Das Handelsunternehmen kann sich für einen einzelnen Absatzkanal (stationär, ambulant, Versandhandel) oder für eine Kombination verschiedener Möglichkeiten, die Multichannel- Distribution", entscheiden. Die **Wettbewerbsanalyse** untersucht die Mitbewerber. Sie stellt die eigenen Stärken und Schwächen, denen der Mitbewerber gegenüber. Kriterien sind z.B. die Anzahl der Filialen, Verkaufsfläche, Zahl und Qualifikation der Mitarbeiter, Preis- und Sortimentspolitik. Bei der **Umfeldanalyse** geht es um die Rahmenbedingungen, die auf die Handelsunternehmen von außen Einfluss nehmen.

Aufgaben und Methoden der Marktforschung

Die Marktforschung umfasst die systematische Beschaffung, Analyse, Aufbereitung und Interpretation interner und externer Informationen. **Objekte der Marktforschung** sind z.B. das eigene Unternehmen, die potenziellen und die tatsächlichen Kunden und die Mitbe-

werber. Erhoben werden **quantitative** und **qualitative Daten** (z.B. Meinungen der Kunden). Die Marktforschung soll helfen, neue Märkte aufzuspüren, Entscheidungen zu verbessern, Aktivitäten besser aufeinander abzustimmen, Risiken vorzeitig zu erkennen und Veränderungen einzuschätzen.
Die **Marktanalyse** als eine einmalige Untersuchung des Marktes ist eine Momentaufnahme. Die **Marktbeobachtung**, eine dynamische Betrachtung, untersucht fortlaufend die Entwicklung des Marktes. Die **Marktprognose** erarbeitet Vorhersagen über die zukünftige Entwicklung.
Mit der **Primärforschung** (field research) werden Daten unmittelbar für eine konkrete Frage mit Hilfe von **Befragung, Beobachtung, Test/Experiment** oder **Panel** neu erhoben. Diese Methode nimmt jedoch viel Zeit in Anspruch und verursacht hohe Kosten. Dafür kann die Datenerhebung sehr genau auf die Fragestellung abgestimmt werden. Die **Sekundärforschung** (desk research) greift auf bereits vorhandenes Datenmaterial aus betrieblichen oder außerbetrieblichen Quellen zurück. Dieses Verfahren ist preiswert und kann schnell durchgeführt werden. Dafür sind diese Daten selten auf die Fragestellung bezogen und oft nicht aktuell. Daten lassen sich über eine **Vollerhebung** oder eine Teilerhebung gewinnen. Vollerhebung bedeutet, dass alle Personen einer Grundgesamtheit erfasst werden. Bei einer **Teilerhebung** wird nur ein für die Grundgesamtheit **repräsentativer Personenkreis** befragt. Beim **Zufallsauswahlverfahren** (Random-Verfahren) wird z.B. per Zufallsgenerator eine Stichprobe ausgewählt. Jedes Element der Grundgesamtheit hat dabei gleiche Chance, ausgewählt zu werden. Beim **Quotenverfahren** erfolgt eine bewusste Auswahl von Elementen aus der Grundgesamtheit anhand bestimmter Merkmale wie z.B. Alter, Geschlecht, Einkommen. Beim **Konzentrationsverfahren** konzentriert man sich auf eine dominante Zielgruppe. (z.B. werden nur die umsatzstärksten Kunden befragt).

Die häufigste Untersuchungsmethode ist die **schriftliche Befragung** mit Hilfe von Fragebögen, heute oft als **online-Befragung**. Weitere Möglichkeiten: **mündliche und telefonische Befragung**.
Ein Fragebogen kann mit verschiedenen Fragetechniken arbeiten: Direkte Befragung mit offenen oder geschlossenen Fragen oder indirekt, z.B. mit einem Assoziationstest.
Die **Beobachtung** untersucht Verhaltensweisen. Wichtige Anwendungsgebiete sind z.B. die Frequenzmessung, Kundenlaufstudien, die Beobachtung der Mitarbeiter durch Testkäufer und die Beobachtung der Mitbewerber. Beim **Test/Experiment** wird versucht, durch Veränderung eines Merkmals die Auswirkungen auf das Kundenverhalten aus diesen Veränderungen aufzuzeigen. Hersteller arbeiten gern mit lokalen Testmärkten, um neue Produkte zu testen.

Beim **Panel** werden ausgewählte Personen oder Handelsunternehmen über einen längeren Zeitraum befragt. Im **Handelspanel** werden z.B. Absatzmengen oder Umsätze abgefragt. Beim **Verbraucher- oder Haushaltspanel** zeichnen ausgewählte Haushalte ihre Einkäufe auf. Probleme: z.B. bewusste Verhaltensveränderungen der Haushalte (**Paneleffekt**), falsche Angaben: Man kauft eine Handelsmarke, gibt aber einen Markenartikel an – und umgekehrt. (Overreporting/ Underreporting) sowie schließlich die **Panelsterblichkeit**: Haushalte fallen aus der Befragung aus.

Die Portfolio-Analyse: In einer Matrix werden das Marktwachstum und der relative Marktanteil Strategischer Geschäftseinheiten (SGE) dargestellt. Es entstehen dadurch vier Felder, die als „Fragezeichen" („Question Marks"), „Sterne" („Stars"), „Milchkühe" („Cash Cows") und „Arme Hunde" („Poor Dogs") definiert sind. Die Warengruppen werden in der Matrix als Kreise mit unterschiedlichen Größen entsprechend ihrem Umsatzanteil dargestellt. Auf dieser Basis werden Normstrategien (investieren, abschöpfen oder aussteigen) entwickelt. Die **SWOT-Analyse** (Strengths- Weaknesses, Opportunities- Threats- Analyse) besteht aus der Kombination einer internen Stärken/Schwächen-Analyse und externen Chancen/Risiken-Analyse.

Marketingstrategien legen den grundlegenden Handlungsrahmen für alle Marketingaktivitäten zum Erreichen der Marketingziele fest. Damit haben sie einen mittel- bis langfristigen Charakter.

Marketingstrategien nach Ansoff: Ansoff unterscheidet nach alten und neuen Märkten.
Marktdurchdringung des vorhandenen Marktes.
Marktentwicklung: Positionierung vorhandener Produkte auf neuen Märkten.
Produktentwicklung: Innovationen im Sortiment
Diversifikation Neue Produkte/Leistungen auf neuen Märkten. Die Diversifikation dient der Risikostreuung, stellt aber zugleich ein Risiko dar, weil in der Regel das Unternehmen nicht über das notwendige Know-how des neuen Marktes verfügt. Die Diversifikation kann horizontal, vertikal oder auch lateral (keine Beziehung zwischen den Geschäftstätigkeiten) sein.

Porter bezieht sich in seinen **Basisstrategien** ebenfalls auf die Marktsegmentierung als Grundlage für die Marktbearbeitung. Ein Weg zur Schaffung eines Wettbewerbsvorteils ist die

- **Strategie der Differenzierung.** Man versucht, sich durch spezielle Leistungen von den Mitbewerbern abzuheben. Angestrebt wird eine Einzigartigkeit (Unique Selling Proposition – USP). Ein zweiter Weg ist die
- **Strategie der Preisführerschaft.** Sie setzt Kostenführerschaft voraus. Große Beschaffungsvolumina sowie Einsparungen bei den Leistungsfaktoren Personal und Raum können dazu beitragen. Im Rahmen einer
- **Nischen- bzw. Konzentrationsstrategie** kann sich das Handelsunternehmen auch auf ein Marktsegment beschränken. Oft wird diese Strategie von kleinen Unternehmen verfolgt.

Marktsegmentierung
Massenmärkte sind unüberschaubar. Unternehmen entschließen sich daher oft, die einzelnen Zielgruppen mit unterschiedlichen, auf die jeweiligen Belange des Segments abgestimmten Marketingstrategien zu erreichen. Man kann z.B. die Kunden nach geografischen, demografischen und psychografischen Kriterien aufteilen. Dann hat man die Möglichkeit sich auf eine oder wenige Zielgruppen zu konzentrieren. Je homogener ein Marktsegment ist, desto mehr stimmen Marketingkonzept und Ansprüche der Kunden überein.

Marketinginstrumente des Handelsbetriebs: Der Handel setzt Sortimentspolitik, Preispolitik und Kommunikationspolitik, ergänzt um Service- und Standortpolitik ein. Er muss ferner entscheiden, über welche Absatzwege er seine Ware an die Kunden vermarktet. Der Einsatz der Instrumente muss inhaltlich, zeitlich und quantitativ optimal aufeinander abgestimmt sein (**Marketing-Mix**).

Verkaufskonzepte im Einzelhandel: Beim stationären Handel unterscheidet man zwischen Vollbedienung, Vorwahl und Selbstbedienung. Die Wahl der Verkaufsform beeinflusst sehr stark die Personalkosten. Immer bedeutsamer wird der **Versandhandel**. Mehr als die Hälfte der Versandkunden ordern inzwischen online. Insgesamt wird der Online-Handel weiter deutlich zunehmen. Fast ein Viertel der Käufer nutzt verschiedene Vertriebskanäle. („**Channel-Hopping**"). Auch **Teleshopping** entwickelt sich positiv, via Fernsehen werden ca. 1,3 Milliarden Euro umgesetzt. Neben vielen Verkaufsspots bei Privatsendern präsentieren die Shoppingsender ihre Waren über Kabel oder Satellit direkt im Wohnzimmer der potenziellen Käufer.

Verkaufskonzepte im Großhandel
Der Vertrieb wird als **Lager-, Zustell- oder Streckengeschäft** betrieben. Oft entscheidet man sich für eine Kombination. Beim Streckengeschäft wird die Ware direkt vom Lieferanten zum Kunden des Großhändlers befördert. Dies ist sinnvoll, wenn der Kunde in der Nähe des Lieferanten seinen Sitz hat. Einige Großhandelsunternehmen entscheiden sich jedoch gerade bei umschlagstarken Artikeln zum Streckenhandel, um die Kosten der Logistik zu sparen. Das Risiko ist dabei, dass die Bindung des Kunden zum Großhändler abnimmt und der Kunde sich entscheiden könnte, direkt beim Vorlieferanten zu kaufen. Bei den Verkaufskonzepten wird zwischen **Zustell- und Abholgroßhandel** entschieden. Viele Kriterien der Absatzinstrumente des Einzelhandels treffen auch für den Abholgroßhandel zu.
Der Kaufmann kann im Außendienst eigene Angestellte (**Reisende**) einsetzen. Das hat Vorteile, z.B. die enge Bindung an das Unternehmen, klare Vorgaben, z.B. hinsichtlich Arbeitszeit und Tourenplanung, Pflicht zur Berichtsabgabe. Bei hohen Umsätzen ist der Reisende preiswerter. Nachteil ist vor allem, dass für den Reisenden fixe Kosten anfallen. Der **Handelsvertreter** ist dagegen ein selbständiger Kaufmann, der im Namen und auf Rechnung des Lieferanten Geschäfte abwickelt. Hierfür erhält er eine Umsatzprovision. Der Handels-

vertreter kann auch mehrere Auftraggeber haben. Eine Provision fällt nur an, wenn er Umsatze erbringt.
Der **Agent** vermittelt Kaufabschlüsse oder schließt die Geschäfte wie ein Handelsvertreter ab. Seine Vergütung erfolgt auch in Form einer Provision auf die von ihm vermittelten Umsätze. Agenturen arbeiten oft ausschließlich für einen Großhändler, sie haben keine weiteren Auftraggeber. Besonders im Außenhandel schätzt der Großhandel die Zusammenarbeit mit Agenten wegen ihrer genauen Kenntnis der Märkte der jeweiligen Länder. Der **Kommissionär** wickelt, anders als der Handelsvertreter, die Geschäfte im eigenen Namen auf Rechnung des Lieferanten ab. Dabei bleibt das Absatzrisiko beim Lieferanten, da der Kommissionär das Recht hat, nicht verkaufte Ware nach Ablauf einer vereinbarten Frist wieder zurückzugeben. Für die Tätigkeit erhält er eine Provision.
Der **Rack Jobber** betreut bestimmte Warengruppen im Einzelhandel. Er kauft die Ware ein, liefert sie an, sortiert sie mit Preisen ein und trägt das Absatzrisiko. Für Inkasso und die Bereitstellung erhält der Einzelhändler eine Umsatzprovision.

Messen bieten ein umfassendes Angebot einer oder mehrerer Branchen an. Der Zugang ist oft nur Fachbesuchern gestattet. Der Hersteller bzw. Großhändler hat hier die Möglichkeit, sein Sortiment persönlich den Besuchern zu präsentieren. Doch die Kosten für einen Messeauftritt sind hoch. Auf dem **Großmarkt** vertreibt der Spezialgroßhandel vor allem leicht verderbliche Ware wie z.B. Obst und Gemüse, Blumen, Fisch an Einzelhändler und gewerbliche Großabnehmer wie z.B. Gastronomie, Krankenhäuser.

Marketinginstrumente des Herstellers und des Handelsbetriebs
Zwischen den Marketingansätzen von Hersteller und Handel kann es zu Zielkonflikten kommen. Für den Hersteller ist der Aufbau eines Produkt- oder Markenimages wichtig, während der Handel sein Ziel im Aufbau eines Sortimentsimages verfolgt. Bei der Preispolitik arbeitet der Hersteller häufig mit unverbindlichen Preisempfehlungen. Der Handel wünscht sich dagegen Kalkulationsfreiheit. Bei den preisstrategischen Vorgehensweisen trifft das Handelsunternehmen die Entscheidung über die Preispolitik, ob **passiv, aktiv oder aggressiv**. Bei der Neueinführung von Produkten kann mit einer **Skimmingstrategie** oder einer **Penetrationsstrategie** vorgegangen werden. Bei der Skimmingstrategie (= Abschöpfungsstrategie) steigt das Unternehmen mit einem hohen Preis ein und schöpft Gewinne ab. Im Lauf der Zeit wird der Preis auf Grund auftretender Mitbewerber sukzessive abgesenkt. Die **Penetrationsstrategie** arbeitet mit niedrigen Einstiegspreisen, um von Anfang an eine große Kundenzahl zum Kauf zu bewegen; so soll eine schnelle Marktdurchdringung erfolgen. Dann wird der Preis langsam angehoben. Mit der **Premiumpreisstrategie** (= Hochpreisstrategie) werden für qualitativ herausragende Produkte permanent hohe Preise gefordert, mit der **Niedrigpreisstrategie** bei Massenartikeln günstige Preise.
Der Hersteller hat bei den Kommunikationsstrategien die Möglichkeit des **Push- oder Pull-Marketings** für seine Produkte. Beim Push-Marketing richtet er seine Marketingaktivitäten auf den Handel aus, um dort gelistet zu werden. Beim Pull-Marketing richtet er sich

an die Konsumenten, die dann durch ihre Nachfrage die Produkte in die Regale des Handels ziehen. Meistens kombiniert der Hersteller diese beiden Strategien.
Positionierung und Profilierung: Der Erfolg eines Unternehmens ist auch stark von seiner Unverwechselbarkeit abhängig. So ist die **Corporate Identity** ein wichtiges Instrument der Unternehmensführung. *(s. hierzu auch 1.1)*

Standortmarketing
Die Wahl des richtigen Standorts kann für ein Handelsunternehmen überlebenswichtig sein. Es ist eine sehr langfristige Entscheidung, die wegen der langen Laufzeiten der Mietverträge oder der getätigten Investitionen nur schwer revidiert werden kann. Im Absatzgroßhandel und im Einzelhandel sind die Konsequenzen einer **Standortentscheidung** noch weitreichender, da der Standort als Absatzinstrument dient. Eine Standortveränderung ist oft kritisch. In Filialunternehmen müssen die einzelnen Standorte unter logistischen Aspekten abgestimmt werden; die Objekte müssen ähnlich zugeschnitten sein, um ein einheitliches Verkaufskonzept in allen Filialen darstellen zu können. Außerdem sollen die Filialen nicht in Konkurrenz zueinander stehen – eine Anforderung, die bei zunehmender Verdichtung von Filialnetzen immer schwerer zu erfüllen ist. Das Wachstum des Filialisten ist von der Sicherung neuer Standorte sehr stark abhängig.

Standortwahl im Großhandel: Hier sind für den Standort die günstigen Verkehrsanbindungen oft ausschlaggebend. Günstig ist ein Standort in der Nähe von Autobahnanschlüssen, oder in der Nähe von Flug- oder Seehäfen. In einigen Branchen kann der Gleisanschluss der Immobilie von Vorteil sein, ebenso die Entfernung zu Lieferanten und Kunden.

Das Handelsunternehmen prüft die Kosten der Immobilie, die bauliche Aufteilung, den Zustand und mögliche Erweiterungsmöglichkeiten. Im Zustellgroßhandel kann nur rationell und mit niedrigen Kosten gearbeitet werden, wenn der Warenfluss auf einer Ebene abgewickelt wird. Dies erfordert viel Lagerfläche und ein entsprechend großes Grundstück. Dabei ist die Lage von nicht so großer Bedeutung, wenn der Betrieb nur gut erreichbar ist. Um eine niedrige Miete bzw. Kaufpreis zu erzielen, wird meist ein Standort in Gewerbegebieten, am Stadtrand gewählt.

Standortwahl im Einzelhandel und Abholgroßhandel
Die Standortfaktoren im Abholgroßhandel sowie im Einzelhandel sind in der Regel ausschließlich absatzorientiert. Dabei spielen eine wichtige Rolle: Die **Größe und Reichweite des Einzugsgebietes** Sie ist im Einzelhandel abhängig von der Betriebsform. Besonders Supermärkte und Lebensmitteldiscounter suchen die unmittelbare Nähe des Kunden, die teilweise zu Fuß oder mit dem Rad kommen. Die Standorte liegen hier in Wohngebieten oder zumindest nahe an ihnen. In anderen Betriebsformen ist weniger die Nähe, sondern die Erreichbarkeit des Standorts von großer Bedeutung. Ist der Kauf der Ware mit einem Transportaufwand verbunden, z.B. Möbel, Bau- und Heimwerkerbedarf, Elektrogroß-

geräte, so sind der Weg des Kunden von seinem Wohnort, der verbundene Zeitaufwand für die Anfahrt und das Angebot von Parkplätzen wichtig. Bei den Betriebsformen auf der „Grünen Wiese" und dem Abholgroßhandel ist daher die Anbindung an überörtliche Straßen wichtig. Bei den Betriebsformen in Citylagen sind es die Nähe zu den Hauptverkehrsachsen ebenso wie die Stellplätze in der Nähe des Standorts und die Nähe zu öffentlichen Verkehrsmitteln. Gerade in den Großstädten erreicht ein erheblicher Anteil der Kunden den Einzelhandel mit Bahn oder Bus. Das mögliche Einzugsgebiet eines Standorts ist schwierig zu bestimmen. Das Handelsunternehmen kann auf Erfahrungswerte zurückgreifen, welche Fahrtzeit der Kunde bei einem bestimmten Sortiment zu akzeptieren bereit ist. Die Verbände, die BBE oder die IHK können zu den Einzugsbereichen von Standorten Daten liefern.

Kaufkraftvolumen im Einzugsgebiet und erreichbares Umsatzpotenzial: Die **Kaufkraft** einer Region wird durch das verfügbare Einkommen der privaten Haushalte, ausgedrückt in einer Indexzahl, gebildet. Neben der Kaufkraft ist für die Errechnung des möglichen Umsatzvolumens eines Standortes die **Zentralität** bzw. Kaufkraftbindung zu berücksichtigen. Da nicht alle Bewohner eines Standorts auch alle ihre Einkäufe an diesem Standort tätigen, andererseits das Einzugsgebiet jedoch auch Käufer aus anderen Regionen anzieht, werden diese Ab- und Zuwanderungen bei der Kennziffer „Zentralität" berücksichtigt. Die Zentralität gibt an, ob es einem Standort gelingt, über die örtliche Kaufkraft hinaus Umsatz zu tätigen.

Zahl, Größe, Entfernung und Attraktivität vergleichbarer Mitbewerber
Die Konkurrenzsituation ist meist nur durch Vor-Ort-Recherchen zu beurteilen. Dabei ist es von der Betriebsform abhängig, ob die Nähe zur Konkurrenz gesucht wird oder eine Alleinstellung erforderlich ist. Nicht selten sucht inzwischen der Supermarkt die Nachbarschaft des Discounters zur Steigerung der Attraktivität des Standorts. Noch mehr suchen die Betriebsformen in der Citylage wie z.B. das Fachgeschäft die Nähe zu anderen Unternehmen. Sie erwarten von dieser Ballung von Einzelhandel – der **Agglomeration** – eine hohe Kundenfrequenz. Dienstleister wie z.B. Behörden, Ärztezentren, Gastronomie und Umsteigestationen des ÖPNV verstärken dies noch. Aber nicht nur quantitative, sondern auch qualitative Merkmale definieren heute die Lage. Eine besondere Form der Agglomeration ist das **Einkaufscenter**. Ein professioneller Center-Betreiber errichtet das Center und sucht die Mieter aus. Dabei wird auf einen ausgewogenen Mix von verschiedenen Anbietern geachtet. Ergänzt wird das Angebot durch Gastronomie und Dienstleistungsunternehmen. Selbstverständlich bietet ein Center viele günstige Parkplätze. Im Mietvertrag sind die Mieter in der Regel verpflichtet, einer Werbegemeinschaft beizutreten und dafür einen Beitrag zu zahlen. Standorte können sich im Laufe der Zeit aber auch verändern, z.B. kann ein großer Frequenzbringer schließen oder die Wohnbevölkerung kann sich verändern.

In allen Betriebsformen muss eine schnelle Warenbelieferung möglich sein, in Citylagen werden zusätzlich die Lieferzeiten berücksichtigt. Im Absatzgroßhandel und im bei den

autoorientierten Formen des Einzelhandels wie Fachmarkt und SB-Warenhaus, muss die direkte Anfahrbarkeit möglich sein. Dort ist auch die Abwicklung des Verkehrs ein wichtiger Faktor.
Ein interessantes Modell zur Verbesserung einer Standortqualität sind **Business Improvement Districts (BID)**. Hier können Immobilienbesitzer zur Kooperation für die Finanzierung von städtebaulichen Maßnahmen gezwungen werden. Dazu gehören Beleuchtungskonzepte, Maßnahmen für Sauberkeit und Sicherheit oder bauliche Verbesserungen des Quartiers. Das Ganze ist einzubinden in ein Stadtmarketing.

Auswirkungen von Markt- und Preismechanismen auf die Preispolitik des Unternehmens

Im Einzelhandel positionieren sich manche Betriebsformen ausschließlich über den Preis wie z.B. die Discounter. Die große Zahl der Fachgeschäfte, Waren- und Kaufhäuser konzentriert sich heute auf die absatzpolitischen Instrumente Sortiment, Verkaufsförderung und Service.
Da der Handel für eine Vielzahl von Artikeln der Preis bestimmen muss, sind grundsätzliche Richtlinien für die Preisfestsetzung zu entwickeln. Im Rahmen der **Kontrahierungspolitik** entscheidet der Handel über Preise und Konditionen. Die wichtigsten **Einflussfaktoren** sind die Kosten des Unternehmens in Abhängigkeit von der Betriebsform und dem Sortiment, der Kunde mit seinen Preisvorstellungen und die Konkurrenz mit ihrer Preisgestaltung. Wird die Preispolitik an der Konkurrenz ausgerichtet, so werden verschiedene Möglichkeiten unterschieden:

- Orientierung am Branchenpreis (passive Preispolitik): Das Handelsunternehmen übernimmt die empfohlenen Verkaufspreise der Hersteller oder passt sich den Mitbewerbern an.
- Offensive oder aktive Preispolitik: Das Handelsunternehmen bestimmt seine Preispolitik nach eigenen strategischen Erwägungen.
- Preisführerschaft bzw. aggressive Preispolitik: Das Handelsunternehmen versucht, seine Marktposition durch die Preispolitik zu verbessern.

Preisverfahren: Grundsätzlich ist das Handelsunternehmen frei bei der Preisgestaltung seines Sortiments. Nur bei Verlagserzeugnissen, Tabakwaren und Arzneimitteln lässt der Gesetzgeber eine Preisbindung zu. Handelsunternehmen, kalkulieren oft mit unterschiedlichen Spannen. Sie planen lediglich die durchschnittliche Kalkulation. Bei Ausgleichsnehmern wird mit niedrigen Spannen gearbeitet – z.B. bei Sonderangeboten oder Artikeln, die im Preisbewusstsein des Kunden besonders verankert sind. Andere Artikel, deren Preise für den Kunden nicht so leicht zu vergleichen sind, werden höher kalkuliert und dienen als Ausgleichsgeber. (Mischkalkulation)

Preispolitische Entscheidungsalternativen: Handelsunternehmen legen die wesentlichen Eckpunkte der Preisoptik fest: Es werden Preislinien gebildet, denen alle Artikel im

Sortiment zugeordnet werden. Dabei sind die Preisschwellen zu beachten, ab denen der Kunde auf den Kauf verzichtet. Außerdem wird innerhalb der Preisoptik festgelegt, wie und in welchem Maß der Preis nach außen kommuniziert wird. Der Kunde kennt oft nur wenige Preise. Meist sind es Artikel, die er laufend benötigt. Diese werden niedrig kalkuliert, sind Ausgleichsnehmer und prägen so günstig die Preisoptik des Unternehmens. Diese Artikel eignen sich auch als für Dauerniedrigpreise (everyday-low-price EDLP). In vielen Betriebsformen werden ständig Artikel als Sonderangebote (high-low-price) offeriert. Ihre Preise gelten nur kurzfristig, sie sind in dieser Zeit immer Ausgleichsnehmer, es sei denn, der Lieferant unterstützt das Angebot durch Rabatte oder andere Zuschüsse. Mit Sonderangeboten will das Handelsunternehmen neue Kunden gewinnen und die Kunden zu mehr Umsatz anregen.

Eine besondere Form der **Preisdifferenzierung** stellen im Großhandel die Preisstellungssysteme dar: Beim **Nettopreissystem** steht der Abgabepreis fest; dieser ist grundsätzlich ohne Abzug zu zahlen, beim **Bruttopreissystem** gewährt der Großhändler noch Rabatte, die sich meist nach der abgenommenen Menge richten. Dem Einzelhandel ist gesetzlich vorgeschrieben, die Verkaufspreise als Bruttopreise einschließlich aller Preisbestandteile wie auch der Mehrwertsteuer anzugeben. Wird die Ware im Internet dem Endverbraucher angeboten, so muss ausdrücklich angegeben werden, dass die Umsatzsteuer enthalten ist und ob zusätzliche Liefer-/Versandkosten anfallen.

3.5. Sortimentsgestaltung

Die Sortimentspolitik eines Handelsbetriebes umfasst alle Maßnahmen zur Planung, Realisierung und Kontrolle des Sortiments. Dabei ist das Ziel des Handels, die richtige Ware zum richtigen Zeitpunkt in ausreichender Menge zur Verfügung zu haben. Sortimentspolitische Maßnahmen können sich auf verschiedene Bereiche beziehen: auf die Warenbereiche, Artikelgruppen, Artikel oder Sorten. Diese strategischen Entscheidungen wirken oft langfristig, sie sollten dann nur noch modifiziert werden. Die Ziele der Sortimentspolitik sind den Zielen des Unternehmens unterstellt. Sie soll Umsatz und Ertrag sicherstellen und das Geschäft profilieren.

Einflussfaktoren der Sortimentsbildung
Innerbetriebliche Faktoren wie die Branche und die Betriebsform bestimmen das Sortiment in der Breite, in der Tiefe und im Niveau. Auch der mögliche Einfluss des Sortiments auf die Kosten sowie die finanzielle Situation steuern das Sortiment. Auch Außerbetriebliche Faktoren wie der erwartete Verlauf einer Saison und besondere Ereignisse fließen in die Sortimentsplanung ein. Der Handel versucht über Trendforschung die Wünsche und Erwartungen der Kunden zu ermitteln. Die Angebote der Lieferanten müssen geprüft werden, ebenso das Sortiment der Mitbewerber. Staatliche Maßnahmen und rechtliche Bestimmungen

können auf das Sortiment Einfluss nehmen. Technische Neuerungen erfordern die Aufnahme neuer Artikel. Auch der Standort hat Einfluss auf die Sortimentsbildung.

Mit der **Sortimentsdimension** legt das Unternehmen die Breite und Tiefe des Warenangebots fest: Bei der Entscheidung über die Breite bestimmt das Unternehmen, wie viele Warengruppen und Warenbereiche es führen will, bei der Sortimentstiefe wird festgelegt, wie viele Artikel innerhalb einer Warengruppe geführt werden. Das **Sortimentsniveau** legt die Art der Ware in ihren Anteilen innerhalb der Preisgruppen fest.

Sortimentspolitische Maßnahmen

Sortimentsexpansion: das Sortiment wird ausgeweitet. Diese Maßnahme kann sich auf die Aufnahme neuer Artikel bzw. neuer Artikelgruppen beziehen oder auf die Aufnahme völlig neuer Warenbereiche. Sortimentskontraktion: Schrumpfung bzw. Verringerung des Sortiments. Beides kann sich auf die Breite oder Tiefe beziehen.

Sortimentsvariation: Das Sortiment wird in seiner Struktur verändert, die Anteile der Artikel oder Warengruppen verschieben sich. Bei der **Innovation** ersetzen Neuerungen veraltete Artikel. Oft geht es hier auch um Veränderungen der Anteile von Herstellermarken, Handelsmarken und no-label-Ware (Gattungsware) sowie um Veränderungen im Sortiments- oder Preisniveau. Bei einer Anhebung des Sortimentsniveaus spricht man von **Trading up**, bei einer Absenkung von **Trading down**. Diese Maßnahmen betreffen aber nicht nur die Sortimentspolitik, sondern umfassen die komplette Neuausrichtung eines Geschäftes. Beim Trading up wird in höherwertige Geschäftsausstattung investiert, der Herstellermarkenanteil erhöht, der Servicebereich ausgeweitet und die Mitarbeiter besser geschult.

Markenpolitik: Eine sortimentsstrategische Entscheidung muss jedes Handelsunternehmen treffen: Werden Marken geführt und wenn ja, eigene oder von Lieferanten markierte Ware? Möglich ist auch eine Mischung, wobei dann das jeweilige Verhältnis festgelegt wird. Herstellermarken sind Waren- oder Firmenkennzeichen, mit denen ein Industrieunternehmen seine Ware versieht. Sie weisen einen hohen Bekanntheitsgrad auf, werden in gleichbleibender Qualität angeboten, sind überall erhältlich und werden vom Hersteller beworben. Legt ein Handelsunternehmen fest, Artikel selbst zu markieren, handelt es sich um eine Handelsmarke, verwendet werden auch die Begriffe Eigenmarke, Exklusivmarke oder Store Brand.

Herstellermarken sind zumeist ein wichtiger Bestandteil: Der Kunde erwartet sie im Handel. Sie fördern das Image und vermitteln Vertrauen. Dabei ist es oft so, dass die Spannen von den Lieferanten empfohlen werden und niedrig sind. Um den starken Einfluss der Hersteller zu lockern, schufen die großen Handelsunternehmen die Handelsmarken. Mit diesen sind sie frei in der Preisgestaltung und können so den Rohertrag verbessern. Außerdem schafft das exklusive Angebot eine Möglichkeit zur Profilierung gegenüber den Mitbewerbern. Bei der Aufnahme von Handelsmarken muss das Unternehmen abwägen, ob es alle Funktionen, die normalerweise der Lieferant übernimmt, auch selbst ausführen kann. Große Handelsunternehmen können dies leisten. Kleinere Unternehmen können auf die Handelsmarken der Kooperationspartner zurückgreifen. Allerdings kann das Unternehmen dann nicht ganz so gut über die Handelsmarke eine eigenständige Profilierung entwickeln. **No-names** haben eine betont schlichte Gestaltung. Sie werden in den niedrigen Einstiegspreislagen angeboten. Ein Trend speziell im Lebensmittelsektor ist die **Dachmarkenstrategie**: Handelsmarken werden unter dem Namen des Händlers angeboten wie EDEKA oder Rewe. Voraussetzung für den Erfolg von Handelsmarken ist eine gute Qualität – sonst entsteht ein Imageschaden.

Der **Produktlebenszyklus**: Der Weg eines Artikels von der Markteinführung bis zu seinem Ausscheiden aus dem Markt wird durch den Produktlebenszyklus veranschaulicht. In der Einführungsphase erzielt das Produkt erste Umsätze, Gewinne sind noch nicht zu verzeichnen. In der Wachstumsphase ist die Umsatzsteigerung prozentual am höchsten, es werden erste Gewinne erzielt. Dann folgen die Reifephase mit immer noch steigenden Umsätzen und dann die Sättigungsphase mit stagnierenden Umsätzen und fallenden Gewinnen. In der Degenerationsphase fallen diese weiter. Es ist zu überlegen, ob sich ein Relaunch lohnt oder ob das Produkt vom Markt genommen wird = Elimination.

3.6. Verkaufsförderung und Servicepolitik

Die Verkaufsförderung, auch als Sales Promotion bezeichnet, wirkt eher kurzfristig. Sie findet unmittelbar am Verkaufsort statt, auch als **Point of Sale** (PoS) bezeichnet. Der Handel will damit den Umsatz bestimmter Artikel steigern. Der Kunde soll damit zu Impulskäufen angeregt werden. Neue Kunden sollen gewonnen werden. Auch der Bekanntheitsgrad von Handelsmarken kann so gesteigert werden. Gleichzeitig kann sich das Unternehmen gegenüber seinen Mitbewerbern profilieren. Gerade für die Einführung neuer Produkte ist die Verkaufsförderung wichtig.

Die Maßnahmen und Aktionen der Verkaufsförderung können an unterschiedliche Adressaten gerichtet sein:
Außendienstpromotion/Staff Promotion wird beim Hersteller und Großhandel eingesetzt, um den Verkauf durch den Innendienst sowie Außendienst zu forcieren. Maßnahmen sind z.B.: Mitarbeiterschulungen, Prämien und Verkaufswettbewerbe. **Händlerpromotion/ Dealer oder Trade Promotion** richtet sich an den Groß- und Einzelhandel oder andere Großabnehmer. Maßnahmen sind z.B.: Rabatte, Werbekostenzuschüsse, Displaymaterial und Schulung der Verkaufsmitarbeiter. **Verbraucherpromotion/Consumer Promotion** ist der auf den Endverbraucher ausgerichtete Bereich der Verkaufsförderung. Verbraucherpromotion kann vom **Lieferanten** durchgeführt werden, d.h. an Kunden werden kostenlose Warenproben oder Werbegeschenke verteilt. Consumer-Promotion ist im Handel ein wichtiges Instrument, das auch vom **Einzelhändler** selbst durchgeführt wird.

Mit **Serviceleistungen** gelingt es dem Handel, die Kundenbeziehung zu intensivieren, im Großhandel noch stärker als im Einzelhandel. Persönliche Dienstleistungen für den Kunden strahlen auch auf Sortiment und Preise aus. Der Kunde wird an das Handelsunternehmen gebunden. Serviceleistungen können warenabhängig (kaufmännisch und technisch) oder kundenorientiert sein. Beispiele: Finanzierungsmöglichkeiten, Liefer- und Reparaturdienste sowie gastronomische Angebote. Sie können als eigenständiges Angebot durchaus gewinnbringend sein. So bieten Geschäfte noch eine Postagentur, Lotto/Toto-Annahmestelle oder einen Copy-Shop an.

Customer-Relationship-Management (Kundenbeziehungsmanagement)
Das **Kundenbeziehungsmanagement** umfasst alle Maßnahmen des Handelsunternehmens, die dazu dienen, mit Hilfe eines gezielten Einsatzes der geeigneten Absatzinstrumente den Kunden an das Unternehmen zu binden. Es strebt eine permanente Verbesserung der Kundenprozesse mit Hilfe einer Database an. Der Verkäufer muss wissen, wie der Kunde „tickt", um auf ihn eingehen zu können. Daher muss das Unternehmen zunächst Daten über die Kunden sammeln. Stammdaten sind Name, Anschrift, Telefon und E-Mail, Geburtsdatum, Familienstand usw. Bewegungsdaten können sich auf die Art der Kontakte beziehen wie z.B. persönlicher Verkauf oder telefonisch, per Mail. Die eigentlichen Kaufdaten sind dann Artikel, Umsatz, Kaufdatum, Marken, Zahlungsweise, Reklamationen usw. Im Einzelhandel werden diese Daten oft über die Kundenkarte gesammelt. Hierbei ist es wichtig, dass das Unternehmen datenschutzrechtliche Bestimmungen beachtet, vor allem gegenüber dem Endverbraucher. Die Kundendaten werden dann analysiert, Kundenprofile entstehen. Diese dienen der Marktsegmentierung: So können Zielgruppen festgelegt werden, für die ein spezieller Marketing-Mix entwickelt wird. Dem Kunden wird damit ein auf ihn abgestimmtes Leistungspaket angeboten. Im Großhandelssektor ist auch möglich, eine Kundenbewertung zu erstellen.

Beschwerdemanagement
Der Handel sollte Beschwerden als Chance zur Verbesserung sehen. Der Kunde hat die Neigung, negative Erlebnisse weiter zu erzählen z.B. in Internetforen. Bevor er dies öffentlich macht, sollte ihm das Unternehmen die Möglichkeit geben, seine Beschwerde anzubringen. Dies sollte organisiert werden. Auch die Mitarbeiter im Verkauf müssen auf die Beschwerdeannahme geschult werden. Hier ist es sinnvoll, den Beschwerdeprozess einheitlich zu organisieren von der Annahme über die Bearbeitung, die Dokumentation bis zum Controlling.

3.7. Verkaufsflächengestaltung und Warenpräsentation mit Visual Merchandising

Visual Merchandising umfasst das Gestalten von Verkaufsflächen und die Warenpräsentation. Es leitet sich aus dem Corporate Design ab. Visual Merchandising umfasst das Zusammenspiel zwischen Ladenbau, Werbung und Verkaufsförderung. In einem Gesamtkonzept werden die Flächenaufteilung, die Platzierung des einzelnen Artikels bzw. der Artikelgruppen, die Auswahl und Bestückung der Warenträger, die Gestaltung der Schaufenster und Deko-Zonen bzw. Aktionsflächen festgelegt. Dabei ist es unerlässlich, dass Einkauf, Warenwirtschaft und Visual Merchandiser eng zusammenarbeiten. Vor allem in den erlebnisorientierten Betriebsformen ist Visual Merchandising von großer Bedeutung. Mit einem modernen Ladenbild will der Handel sich von der Konkurrenz abheben und sein Unternehmen als Marke präsentieren. Der Kunde soll durch viele Kaufanregungen und eine zielgruppengerechte Atmosphäre zu Mehreinkäufen animiert werden. In preisorientierten Betriebsformen wird dem Kunden eine schnelle Orientierung angeboten. Außerdem wird die Ware mit möglichst vielen Informationen am Warenträger so präsentiert, dass sie sich von selbst verkauft. Bei Fachgeschäften, Kauf- und Warenhäusern bekommt der Kunde bereits im Vorbeigehen einen ersten Eindruck über den Laden. Im Schaufenster wird ein Thema dargestellt wie z.B. eine Marke, Neuigkeiten im Sortiment oder ein Anlass wie z.B. Schulanfang oder Reisen. Wird der Kunde von diesem Thema inspiriert und betritt den Laden, so muss dieses Thema wie ein roter Faden im Warenaufbau wieder aufgenommen werden. Der Eingangsbereich sollte offen und einladend gestaltet sein, sodass der Kunde einen ersten Blick ins Innere werfen kann; keine Warenständer oder überladende Dekoration versperren ihm den Zugang. Mit **Kundenleitsystemen** soll erreicht werden, dass der Kunde sich weitgehend selbständig im Geschäft zurechtfindet und gleichzeitig viele Kaufimpulse erhält. In großen Häusern ist es wichtig, dass der Kunde Wegweiser unmittelbar am Eingang sowie innerhalb der einzelnen Stockwerke an den Rolltreppen, Fahrstühlen und Aufgängen vorfindet. Mit Displays werden die Hinweise visualisiert. Innerhalb des Visual Merchandising werden Kriterien bestimmt, welche Ware gemeinsam präsentiert oder angeboten wird. Es gibt die unterschiedlichsten Prioritäten wie z.B.

- nach Categories, die sich am Endverbraucher ausrichten, wie z.B. der Gartenbereich in einem Baumarkt,
- nach Farben bzw. durch Kombination von Farben wie z.B. bei textilen Sortimenten,
- materialorientiert wie bei Artikeln des täglichen Bedarfs, die für den Kunden schnell auffindbar sein sollen,
- nach Preislagen wie z.B. die Exklusivetage oder die Schnäppchenecke,
- nach Herstellern oder Marken wie z.B. shop-in-the-shops in den Kauf- und Warenhäusern.

Den einzelnen Waren- bzw. Artikelgruppen oder Categories wird ein Anteil der Gesamtverkaufsfläche zugeordnet und entschieden, wo im Laden sie angeboten werden.
Die hinteren Zonen eines Geschäftes sind oft verkaufsschwache Zonen. Die Gestaltung der Rückwände sollten die Kunden anziehen und Warenthemen schon von weitem gut erkennbar machen. Im Gesamtaufbau ist das Arenaprinzip zu berücksichtigen. Die **Einkaufsatmosphäre** soll den Kunden dazu animieren, im Geschäft zu verweilen. Er soll zu Zusatz- und Impulskäufen angeregt werden. Dabei sollen möglichst alle Sinne angesprochen werden.

3.8. Die Werbekonzeption

Werbung – im Sinne der Absatzwerbung – strebt an, bei potenziellen Kunden einen Einfluss auf die Kaufentscheidungen auszuüben. Der Umsatz soll erhöht werden. Beim Kunden sollen Bedürfnisse geweckt werden.
Werbeziele: Die Werbung kann ökonomische (Umsatzsteigerung, Ertragsverbesserung) oder **vorökonomische Ziele** (Steigerung des Bekanntheitsgrades und des Imagewertes) anstreben. Bei der Zielfestlegung ist eine genaue Formulierung des Werbeziels notwendig. Der Inhalt soll eine messbare Größe sowie einen Zeitbezug zur Zielerreichung enthalten. Spezielle Ziele: **Einführungswerbung, Expansionswerbung, Erhaltungswerbung**.

Die Werbeplanung
Der **Werbeetat** bestimmt Höhe und zeitliche Verteilung der finanziellen Mittel. Vor allem wird sich der Etat nach dem Werbeziel ausrichten. In der Praxis wird auch ein gewisser Prozentsatz vom Umsatz aus der Vergangenheit, vom Planumsatz oder aus Betriebsvergleichen zugrunde gelegt. Problematisch ist allerdings, dass nur Vergangenheitswerte geschätzt werden können. Die **Werbebotschaft** legt fest, ob das Unternehmen, bestimmte Artikel oder Warengruppen beworben werden soll. Wichtig sind dabei im Hinblick auf die Copy-Strategie

- der Consumer Benefit
- das Nutzenversprechen), Reason Why (Begründung für das Nutzenversprechen) und
- die Tonality (Grundton der Werbung).

Die **Zielgruppenbestimmung** ergibt sich aus der Markt- und Zielgruppensegmentierung, die vom werbenden Unternehmen vorgenommen wurde. Das **Streugebiet** für die Werbung ergibt sich in der Regel aus der räumlichen Reichweite des Absatzgebietes eines Handelsunternehmens. Mit der **Streuzeit** wird bestimmt, wann (Zeitpunkt) und mit der **Streudichte** in welcher Häufigkeit (Intervalle) die Werbung verbreitet werden soll.

Die **Mediaplanung / Mediaselektion** beinhaltet die Auswahl, die Kombination und die Abstimmung von Werbemittel und Werbeträger unter Berücksichtigung des Etats. Es wird der Weg bestimmt, auf welchem die Werbebotschaft kommuniziert werden soll. Der Werbeträger (Medium) überbringt die Werbebotschaft an den Empfänger. Die Auswahl des geeigneten Werbeträgers erfolgt in zwei Schritten:

1. Der Intermediaselektion: Dies betrifft die Bestimmung der Mediengattung (Printmedium, TV, Radio, Kino, Außenwerbung etc.).
2. Der Intramediaselektion: Hier wird der genaue Werbeträger innerhalb der Mediengattung (regionale Tageszeitung, bestimmter Fernseh-, Radiosender usw.)

Im Intra-Media-Vergleich stellt der **Tausenderpreis** eine weitere Mess- und Entscheidungsgröße dar. Hierbei wird zum Ausdruck gebracht, was es kostet, zu 1000 Personen einen Werbekontakt herzustellen.

Das **Werbemittel** ist die konkrete, sinnlich wahrnehmbare Erscheinungsform der Werbung. Beispiele ausgewählter Werbemittel in Kombination mit dem **Werbeträger** sind: Handzettel, Plakate, Radio-, Kino und Fernsehspots, Anzeigen in Fachzeitschriften, Zeitungen und Zeitschriften. An die Allgemeinheit gerichtet, aber dennoch gefiltert, ist Werbung über die sozialen Netzwerke wie Facebook, Twitter oder XING möglich. Auswahlkriterien für die Bestimmung der Werbeträger sind Kosten, Reichweite (quantitative und qualitative), Darstellungsmöglichkeit der Werbebotschaft, zeitliche und regionale Belegbarkeit, Zielgruppenaffinität und Image.

Das werbetreibende Unternehmen muss für seine Werbung den **Grundsatz der Wahrheit, den Grundsatz der Klarheit, und den Grundsatz der Wirtschaftlichkeit** beachten. Aber ebenso verpufft eine Werbung, wenn sie den Umworbenen nicht zum Handeln bringt. Die **AIDA-Formel** (Attention-Interest-Desire-Action) fasst die Ziele in plastischer Weise zusammen.

Werbeerfolgskontrolle

Im Anschluss an eine Werbeaktion ist es erforderlich eine Erfolgskontrolle durchzuführen. Die Wirkung der Werbeaktion ist dabei nicht immer leicht zu messen und zeitlich abzugrenzen. Es kann die **vorökonomische und ökonomische Werbeerfolgskontrolle** unterschieden werden.
Das Ziel „Erhöhung des Bekanntheitsgrads" ist ein vorökonomisches Ziel. Die ökonomische Werbeerfolgskontrolle misst den Erfolg z.B. an einer Umsatzsteigerung.

Bei einer **Werbekooperation** arbeiten rechtlich und wirtschaftlich selbständige Unternehmen zusammen, häufig wird der Begriff Kollektivwerbung dafür verwendet. Sammelwerbung (Namen der Anbieter werden genannt) und Gemeinschaftswerbung (Werbung ohne einzelne Namensnennung) sind zwei Möglichkeiten. Solche Kooperationen sparen Kosten, sie machen Werbeträger und den Einsatz von Agenturen möglich, die der Einzelne nicht einsetzen könnte.

Bei der **Direktwerbung** wird das Werbesubjekt direkt persönlich angesprochen. Sie steht im Gegensatz zur anonymen Massenumwerbung. Es handelt sich um eine sehr effiziente Art der Werbung, da mit Hilfe der Zielgruppendaten eine präzise Ansprache ermöglicht wird und somit Streuverluste minimiert werden können. Beim **Product-Placement** platziert das Unternehmen Produkte oder den Firmennamen in Filmen oder Fernsehsendungen. Grundsätzlich zulässig, muss aber für die Zuschauer sichtbar gemacht werden. Beim **viralen Marketing** nutzt ein Unternehmen gezielt die Mund zu Mund-Propaganda. **Guerilla Marketing** nutzt ungewöhnliche und spektakuläre Maßnahmen, mit denen ein Werbetreibender auffällt.

3.9. Die Öffentlichkeitsarbeit (Public Relations)

PR hat das Ziel, um Vertrauen in der Öffentlichkeit zu werben. Voraussetzungen dafür sind Offenheit und Ehrlichkeit. Nur wer eine faire und offene Informationspolitik betreibt, kann auch in Krisenfällen mit einer fairen Berichterstattung rechnen. Zielgruppen sind Kunden und Partner, die für das Unternehmen eine besondere Bedeutung haben wie Lieferanten, Vermieter, Mitbewerber, Banken, Aktionäre, Stadt, Nachbarn, Multiplikatoren wie z.B. die Medien, Interessengruppen und nicht zuletzt die eigenen Mitarbeiter – denn sie sind die „Botschafter" des Unternehmens.

Kommunikationsinstrument der PR ist vor allem die Pressearbeit. Hierfür ist es notwendig, den Kontakt zu den Lokalredakteuren zu suchen. Anlässe für Pressemitteilungen können u.a. sein: Firmenjubiläum, Eröffnungen neuer Filialen oder Abteilungen, Spenden, gute Prüfungsergebnisse der Auszubildenden.

Lobbying: Durch persönliches Engagement der Unternehmer z.B. in Kammern und Verbänden, auf Fachtagungen und der Lokalpolitik lässt sich der Kontakt zu Multiplikatoren verbessern. Öffentlichkeitsarbeit für den Handel wird auch in den Verbänden geleistet wie z.B. im Handelsverband Deutschland e.V. (HDE) oder dem Bundesverband des Deutschen Groß- und Außenhandels BGA e.V.

Kundenzeitschriften können vom Unternehmen allein herausgegeben werden oder in Kooperation mit anderen Unternehmen.

Die eigenen Mitarbeiter sind eine besonders wichtige Zielgruppe für Public Relations. Instrumente für diese Zielgruppe sind z.B. Betriebliches Vorschlagswesen, Betriebssport, Auszeichnungen und Incentives für Mitarbeiter wie z.B. für prüfungsbeste Auszubildende, Mitarbeiterzeitschriften, Intranet, Mitarbeiterbesprechungen und gemeinsame Veranstaltungen.

PR im Krisenfall: Eine schlechte Berichterstattung kann dem Ruf eines Unternehmens dauerhaften Schaden zufügen. Dabei ist es oft unerheblich, ob die Berichterstattung der Wahrheit entspricht. Deshalb ist es wichtig, dass ein Handelsunternehmen ein Konzept entwickelt, wie es in Krisensituationen reagiert. Vorsorglich sollten in einem Unternehmen potenzielle Krisenherde aus allen Bereichen durchdacht werden.

Sonderinstrumente der Kommunikationspolitik

Sponsoring: Das Handelsunternehmen unterstützt Organisationen. Dafür erwartet es die Nennung seines Namens auf Plakaten, Programmen, auf der Kleidung oder Ausrüstung. Wichtig ist dabei, dass die gesponserte Organisation ein positives Ansehen in der Öffentlichkeit besitzt, von dem profitiert werden kann. Sponsoring wird in den Bereichen Sport, Kunst, Wissenschaft, Umwelt und Medien eingesetzt. Beim **Eventmarketing** kann ein Hersteller, eine Werbegemeinschaft oder ein Handelsunternehmen Veranstalter sein.

3.10. E-Commerce

Innerhalb des Marketings ist E-Commerce dem Bereich der Distributionspolitik zuzuordnen. Grundidee ist, dass Käufer und Verkäufer von Waren und Dienstleistungen über das Internet kommunizieren und Geschäfte abschließen können. Je nach den Teilnehmern des Geschäftsprozesses lassen sich folgende Modelle unterscheiden: C2C = Consumer-to-Consumer: hier verkaufen Konsumenten untereinander, z.B. über Auktionsplätze wie Ebay. B2C = Business-to-Consumer heißt, hier verkaufen Unternehmen ihre Waren bzw. Dienstleistungen an die Konsumenten, z.B. über Online-Shops. Beim B2B = Business-to-Business gehen Unternehmen mit anderen Unternehmen eine elektronische Geschäftsbeziehung ein. **Strategische Geschäftsmodelle** im E-Commerce: Online-Kunden schätzen die große Auswahl an Ware und den schnellen Preisvergleich. Nachteilig empfinden die Kunden, dass sie die Qualität der Ware nicht überprüfen können und sie unsicher sind über Garantieleistungen sowie über Zahlungssicherheit. Für den stationären Handel wird es immer wichtiger, einen Online-Shop als zusätzlichen Vertriebskanal zu führen. Viele Kunden informieren sich vorab über den Online-Shop und kaufen dann im Ladengeschäft oder bestellen per E-Mail und lassen sich die Ware nach Hause oder in das ausgewählte Ladengeschäft liefern (click & collect) oder sie informieren sich zunächst im Ladengeschäft, lassen sich beraten, prüfen die Angebote der Mitbewerber und bestellen dann online. Dabei muss der Einzelhandel die Entscheidung treffen, ob das Ladengeschäft und der Onlineshop vom Kunden als **Integrations- oder als Separationsstrategie** wahrgenommen werden sollen. Separationsstrategie heißt, dass die beiden Kanäle völlig autark voneinander auftreten. Integrationsstrategie heißt, dass die beiden Kanäle miteinander verknüpft werden. Das schafft Synergieeffekte, verlangt aber auch eine konsequente und kontinuierliche Abstimmung zwischen den Kanälen.

Mobile Commerce ist die Abwicklung von Transaktionen unter Einbeziehung des Smartphones oder Tablets.

Kundenorientierte Prozesse lassen sich im Online-Shop in Vorkauf-, Kauf- und Nachkaufphase gliedern. In der Vorkaufphase wird das Warenangebot präsentiert. Die Kaufphase beinhaltet Produktauswahl und Platzierung im Warenkorb. In der Nachkaufphase wird der Kunde über den Lieferstatus informiert. Hierzu gehören auch Retourenabwicklung und Kundenbewertung.

E-Commerce-Strategie: Auch im Onlinehandel stellt das Sortiment das wichtigste Instrument dar. Die Angebotsvielfalt ist fast unbeschränkt, da keine Verkaufsfläche für die Präsentation nötig ist. Auch muss die Ware nicht zwingend physisch im Lager vorhanden sein, wenn der Hersteller die Ware als Streckengeschäft an den Kunden liefert. Bei immateriellen Gütern kann das Handelsunternehmen Download-Dateien zur Verfügung stellen.

Der **Preis** spielt im Onlinehandel eine noch größere Rolle als im stationären Handel, da der Kunde die Möglichkeit eines schnellen und umfassenden Preisvergleichs hat. Gerade im Internet erwartet der Kunde Preisvorteile. Diesem hohen Preisdruck versuchen Anbieter

durch **Serviceleistungen** zu entgehen. Eine großzügige Retourenabwicklung trägt ebenso zur Kundenzufriedenheit bei. Auch das Angebot verschiedener Zahlungsmöglichkeiten bietet Vorteile. Den Nachteil der fehlenden Beratung versuchen die Anbieter durch einen FAQ-Bereich (FAQ – frequently asked questions, häufig gestellte Fragen) oder das Einstellen von Videos mit Bedienungsanleitungen auszugleichen.
Eine Website ist die Visitenkarte des Unternehmens. Hier erhält der Kunde erste Informationen über das Unternehmen. Außerdem hat er die Möglichkeiten, darüber Kontakt aufzunehmen.

Customer-Relationship-Management im E-Commerce
eCRM-Systeme dienen dem Einsatz der Kundendaten zur Kundenbindung. Ein durch den Einsatz von Informationstechnologie gestütztes Kundenbeziehungsmanagement zielt auf eine individualisierte Kundenbindung. Im Mittelpunkt stehen dabei das One-to-One Marketing, und die Schaffung langfristig profitabler Geschäftsbeziehungen z.B. durch die Ermittlung des Customer (Lifetime) Value.
Viele Prozesse, die bisher zeitaufwändig manuell bearbeitet wurden, lassen sich mit Unterstützung durch Informationstechnologien automatisieren. So kann zum Beispiel ein Angebot, das ein Kunde über ein Konfigurationswerkzeug im Internet anfordert, automatisch erstellt, versandt und zum Nachfassen mit einem Termin zur Wiedervorlage vorgemerkt werden. Mit elektronischen Medien lassen sich klassisch aufwändige Prozesse mit hohem Benutzerkomfort umsetzen.

Vertriebswege im E-Commerce
Traut sich ein Handelsunternehmen nicht zu, allein ein Online-Angebot anzubieten oder sucht es weitere Absatzwege im Internet, kann es sich einer virtuellen Plattform anschließen, auf der Käufer und Verkäufer Waren und Dienstleistungen austauschen können. **Elektronische Marktplätze** lassen sich folgendermaßen unterscheiden: **vertikale Marktplätze** sind branchenspezifisch, vergleichbar mit einem Sortimentsgroßhandel bzw. mit einem Fachgeschäft oder Kaufhaus, und **horizontale Marktplätze** hingegen sind branchenübergreifend, vergleichbar mit einem Shopping-Center.
Der Schritt zu einem eigenen Online-Shop, der selbständig betrieben wird, ist mit hohen Investitionen verbunden und rechnet sich wahrscheinlich erst nach einer längeren Anlaufphase. Die größten Herausforderungen finden sich hier in den Bereichen Information, Waren- und Finanzlogistik.

E-Commerce-Marketinginstrumente
Alle Bereiche wie Corporate Website, Online-Werbung, Suchmaschinen-Optimierung, E-Mail-Marketing, Social Media und Online-PR sind Grundlage für die erfolgreiche Gestaltung des E-Commerce. **Suchmaschinen**, die das Auffinden von Online-Inhalten anbieten, werden nach zwei Konzepten unterschieden: SEO = Search-Engine-Optimization und SEA = Search-Engine-Advertising. Unter Suchmaschinen-Optimierung versteht man alle Maß-

nahmen, die darauf abzielen, das eigene Angebot auf den ersten Plätzen der Trefferlisten erscheinen zu lassen.
In den Suchmaschinen erfolgt das Ranking auf den Trefferlisten anhand eines Algorithmus. Wichtig ist auch, dass relevante Inhalte auf anderen Plattformen mit einem entsprechenden Link auftauchen. Bei der Suchmaschinenwerbung (SEA) tauchen gegen Bezahlung bei der Eingabe bestimmter Suchwörter die Anbieter auf den ersten Seiten auf. Dieses Verfahren nennt sich Keyword-advertising.

Soziale Netzwerke, Blogs und Foren gehören zu der nahezu unüberschaubaren Vielfalt des **Social Media**. Je nach Zielsetzung, Branche, und Social-Media-Strategie nutzt ein Unternehmen diese Kanäle. Diese fördern den Austausch zwischen Nutzern mit gleichen Interessen. Sie geben Wertungen zu Unternehmen, Produkten oder Serviceleistungen ab und machen auf Neuigkeiten aufmerksam. Beim **Affiliate-Marketing** werden Werbeflächen auf Websites anderer Unternehmen eingebunden. **Geotargeting** steht für die Optimierung der Zielgruppenansprache durch Segmentierung nach Städten, Regionen oder Ländern.

Besondere Controllinginstrumente des E-Commerce: Beim Online-Marketing nutzt der Anbieter Analytic-Systeme. Zu den wesentlichen Kennzahlen neben dem Umsatz gehören die Conversion Rate als Ausdruck für das Verhältnis von Käufern zu Besuchern eines Shops, der Traffic mit der Anzahl der Besucher, die Bounce Rate mit dem relativen Anteil der Besucher an, die direkt auf der Startseite wieder abspringen, die Besucherquellen, die Topseller-Auswertung und Kaufprozessabbrüche.

3.11. Märkte und Marketingstrategien

Produktionsfaktoren und volkswirtschaftliche Gesamtrechnung

Die Produktionsfaktoren: Arbeit, Boden (natürliche Ressourcen), Kapital. Durch das Zusammenwirken der Faktoren wird das Bruttoinlandsprodukt (BIP, Summe aller Wertschöpfungen in einer Volkswirtschaft in einer Periode) geschaffen (2020 waren es 3,3 Bill. €). Erwirtschaftet im primären, sekundären und tertiären Sektor. Das BIP wird verteilt auf die Produktionsfaktoren als Lohn für Arbeit, Miete und Pacht für Boden sowie Zins und Gewinn für Kapital. Verwendet wird das BIP für Konsum oder Ersparnis. „Reales BIP" bedeutet preisbereinigt. Gezählt werden kann nur, was über den Markt gegangen ist. Schwarzarbeit, Nachbarschaftshilfe, Hausfrauenarbeit sind also nicht in den amtlichen Statistiken enthalten.

Die Bestimmungsgrößen Angebot und Nachfrage

Markt ist jeder „Ort", an dem Angebot und Nachfrage aufeinandertreffen. Dabei unterstellt man, dass Anbieter wie Nachfrager, sich rational verhalten: Die Anbieter wollen einen möglichst hohen Gewinn durch den Verkauf erzielen, die Nachfrager einen möglichst hohen

Nutzen. Je höher ein Preis, umso größer die angebotene Menge. Umgekehrt bei den Nachfragern: je niedriger der Preis, desto höher die nachgefragte Menge.
Anbieter und Nachfrager haben das gemeinsame Interesse, zu einer Übereinstimmung zu kommen. Die einen, weil sie ohne den Verkauf ihrer Güter wirtschaftlich nicht weiter existieren können, die anderen, weil sie die Güter für die Befriedigung ihrer Bedürfnisse brauchen. Die Anbieter werden also bei zu hohen Preisvorstellungen die Preise senken müssen, um Käufer zu finden. Die Nachfrager mit zu niedrigen Preisvorstellungen werden bereit sein müssen, mehr zu bezahlen, wenn sie nicht leer ausgehen wollen. So nähern sich also in diesem Modell des vollkommenen Marktes beide Seiten einander an, bis ihre Pläne in Übereinstimmung sind: So wird der **Gleichgewichtspunkt** bei jenem Preis erreicht, bei dem die Nachfrager genau so viel kaufen wollen wie angeboten wird. Oberhalb des Gleichgewichtspreises ist die angebotene Menge größer als die nachgefragte – es liegt ein Angebotsüberhang vor. Und bei jedem Preis unterhalb des Gleichgewichtspreises ist es umgekehrt – hier besteht also ein Nachfrageüberhang.
Aber natürlich haben nicht alle Anbieter die gleiche Kostensituation, und nicht alle Nachfrager haben die gleiche Preisvorstellung. Die Anbieter, die günstiger produzieren und auch unter diesem Gleichgewichtspreis verkaufen könnten, erzielen einen extra Gewinn (Produzentenrente). Und die Nachfrager, die auch mehr als den Gleichgewichtspreis zu zahlen bereit und in der Lage gewesen wären, erzielen in Höhe dieser Differenz eine Konsumentenrente.

Merkmale des vollkommenen Marktes: Homogene Güter – keine Präferenzen – Markttransparenz – keine zeitlichen Verzögerungen – freier Marktzutritt.
Beim Gleichgewichtspreis ist die angebotene Menge gleich der nachgefragten. Oberhalb des Gleichgewichtspreises ist die angebotene Menge größer als die nachgefragte – es liegt ein Angebotsüberhang vor. Und bei jedem Preis unterhalb des Gleichgewichtspreises ist es umgekehrt. Die Anbieter, die günstiger produzieren, erzielen eine Produzentenrente. Nachfrager, die mehr als den Gleichgewichtspreis zahlen können, erzielen in Höhe dieser Differenz eine Konsumentenrente.

Die Elastizität der Nachfrage:
Wenn Nachfragemenge sich stärker ändert als der Preis: elastisch
Wenn Nachfragemenge sich weniger ändert als der Preis: unelastisch.
Wenn Nachfragemenge bei jedem Preis gleich hoch ist: starr

Marktformen
Polypol: Viele Anbieter – viele Nachfrager
Angebotsmonopol: Ein Anbieter - viele Nachfrager
Angebotsoligopol: Wenige Anbieter – viele Nachfrager. Häufig gibt es beim Angebots-Oligopol einen Marktführer, an dem sich die anderen orientieren.

Markt und Wettbewerb
In einer Zentralverwaltungswirtschaft legt der Staat fest, was produziert werden soll. In einer Markt-Wirtschaft koordiniert der Markt die Handlungen der Marktteilnehmer. Der Markt bestimmt, wo die Ressourcen eingesetzt werden. Unser Wirtschaftssystem kann nur funktionieren, wenn Wettbewerb stattfindet. Oberster Wächter ist das Bundeskartellamt. Es kann Zusammenschlüsse von Unternehmen verbieten und verhindern, dass eine marktbeherrschende Stellung entsteht. Absprachen sind verboten, wenn damit der Wettbewerb eingeschränkt würde.
Mit der Festsetzung von Mindest- oder Höchstpreisen setzt der Staat selbst den Markt-Preis-Mechanismus außer Kraft. Konsequenz: Es entsteht ein Angebots- oder ein Nachfrageüberhang.

Konjunktur und Wachstum
Die Konjunktur wird an der Entwicklung des realen Inlandsprodukts (BIP) gemessen. Wir unterscheiden die Phasen Aufschwung (Expansion), Hoch (Boom), Abschwung (Rezession) und Tief (Depression).
Das BIP kennen wir zwangsläufig immer nur rückblickend. Frühindikatoren sind der Auftragseingang wie auch der Ifo-Index, der die Erwartungen der Unternehmer wiedergibt.

Das **„Magische Viereck“**: Stetiges angemessenes Wachstum, Vollbeschäftigung, Preisstabilität und außenwirtschaftliches Gleichgewicht bilden das „Magische Viereck“. Die Bezeichnung als magisch soll zum Ausdruck bringen, dass wohl nur ein Zauberer alle vier Ziele gleichzeitig erreichen könnte. Unter Wachstum versteht man eine reale Steigerung des Bruttoinlandsprodukts (BIP).

Geldwert und Inflation
Wenn der Geldwert sinkt, wir also für die gleiche Menge an Geld weniger Güter bekommen, bedeutet das, dass das Preisniveau steigt. Eine schleichende Inflation hat durchaus eine anregende Wirkung auf die Ausgabenbereitschaft der Menschen. Die Höhe der Inflation wird über einen „Warenkorb“ ermittelt, der das enthält, was ein durchschnittlicher 4-Personen-Haushalt in einem Jahr kauft. Die prozentuale Veränderung der Geldmenge, die für diesen Warenkorb bezahlt werden muss, ergibt die Inflationsrate.
Im Fall einer Deflation dagegen, also eines steigenden Geldwerts rechnen die Menschen damit, für ihr Geld morgen mehr als heute kaufen zu können. Dann würden sie viele Kaufentscheidungen wohl verschieben.

Die **Europäische Zentralbank (EZB)** ist die oberste Hüterin der Preisstabilität. Sie ist von Weisungen der Regierungen unabhängig. Die EZB hat das Ziel, die Inflationsrate im Euro-Raum nicht über 2 % steigen zu lassen. Die Geldmenge lässt sich vor allem durch Maßnahmen regeln, die das Volumen der Kreditvergabe beeinflussen. Dem dient die Festlegung der Mindestreserve. Dies ist ein bestimmter Prozentsatz der Summe aller Einlagen, den die Geschäftsbanken bei der Zentralbank hinterlegen müssen. Der Zinssatz, zu dem die EZB den Geschäftsbanken Geld zur Verfügung stellt, wird als Leitzins bezeichnet. Die EZB kann auch auf dem Markt Wertpapiere kaufen oder verkaufen (Offen-Markt-Politik). Der Ankauf von Wertpapieren erhöht die Liquidität der Geschäftsbanken.

Arbeitsmarkt und Vollbeschäftigung

Der Anteil aller Arbeitslosen an der Erwerbsbevölkerung ist die Arbeitslosenquote. Vollbeschäftigung gilt als erreicht, wenn die Arbeitslosenquote unter 3 bis 4 % liegt.
Arbeitslosigkeit kann technologische, strukturelle, saisonale und persönliche Gründe haben. Ein Wachstum der Bevölkerung kann zu demographischer Arbeitslosigkeit führen, ein Schrumpfen kann die Quote senken.

Außenwirtschaftliches Gleichgewicht

Ein Überschuss in der Leistungsbilanz stellt nicht nur eine Verletzung des Ziels „Außenwirtschaftliches Gleichgewicht" dar. Weil durch die höheren Exporte gleichzeitig die Gütermenge ab- und die Geldmenge zunimmt, bringt er auch das Risiko einer importierten Inflation mit sich. Maßnahmen zur Reduzierung des Exportüberschusses lassen andererseits die Produktion der Exportindustrie zurückgehen, sie gefährden damit das Wachstum und in der Folge auch Arbeitsplätze.

Der Wechselkurs

Für den Außenhandel spielt auch der Außenwert der Währung eine große Rolle. Steigt der Außenwert des €, dann erhält man beim Tausch mehr $ für €; umgekehrt muss man mehr $ für einen € bezahlen. Das ist gut für den, der € hat und $ braucht, also den deutschen Importeur. Der Anstieg des Wechselkurses ist dagegen ungünstig für den deutschen Exporteur, der für seine Exporte $ bekommen hat und € braucht. Wenn ein Land seinen Wechselkurs niedrig hält, macht es die einheimischen Waren für das Ausland billiger und fördert damit den Export.

Euro-Raum und Binnenmarkt

Die EU ist ein Staatenbund, dem 27 Länder angehören. Der „Europäischen Wirtschafts- und Währungsunion" (EWWU) gehören 19 Staaten an, die den Euro als gemeinsame Währung, eingeführt haben. Beitreten könne Staaten, die diese „Konvergenzkriterien" erfüllen: Der staatliche Schuldenstand darf nicht mehr als 60%, die jährliche Nettoneuverschuldung nicht mehr als 3% des Bruttoinlandsprodukts ausmachen.
Ein „Binnenmarkt" ist erst dann wirklich gegeben, wenn es keinerlei Unterschiede mehr für den Marktzugang zwischen allen beteiligten Staaten gibt. Die dem noch entgegenstehenden nationalen Regelungen zu beseitigen ist das erklärte Ziel. Zusammenfassend wird dies als die „vier Freiheiten" bezeichnet:

- freier Warenverkehr durch den Wegfall der Grenzkontrollen, die Harmonisierung der Normen und den weitgehenden Abbau von technischen Handelsbeschränkungen.

- freier Dienstleistungshandel durch die Beseitigung von bürokratischen Hemmnissen wie Zulassungsbeschränkungen oder -voraussetzungen.
- freier Personenverkehr nicht nur für Reisen, sondern als Niederlassungs- und Beschäftigungsfreiheit der EU-Bürger.
- freier Kapitalverkehr durch Freizügigkeit der Geld- und Kapitalbewegungen.

Wirtschaftliche Verflechtungen gibt es nicht nur im Rahmen der Europäischen Union. Das heute viel gebrauchte Wort dafür: Globalisierung!

3.12. Der Marketing-Mix

Ein Handelsunternehmen setzt zumeist mehrere Marketinginstrumente gleichzeitig ein. Dieser koordinierte Einsatz von Marketinginstrumenten wird als Marketing-Mix bezeichnet. Mehrere absatzpolitische Instrumente werden ausgewählt und ihre Kombination koordiniert, die finanziellen Ressourcen im Marketingbudget aufgeteilt.

3.13. Controlling der Marketingaktivitäten

In einem Handelsunternehmen hat das Controlling des Marketingbereichs eine besondere Bedeutung. Der Bereich ist beteiligt an der Entwicklung und Modifizierung von Strategien sowie der Abstimmung über Planzahlen, bei der Kontrolle der Daten der Vergangenheit und bei der Analyse von Abweichungen. Das Controlling sammelt interne und externe Daten des Marktes, die es auswertet und aufbereitet. Beim strategischen Marketingcontrolling werden interne und externe Daten ausgewertet, um rechtzeitig Veränderungen im Unternehmen sowie auf dem Absatzmarkt zu erkennen. Folgende Methoden und Instrumente werden eingesetzt: Produktlebenszyklus, Portfolio-Analyse, Balanced Scorecard. Hier werden also quantitative und qualitative Perspektiven gleichermaßen berücksichtigt. Hauptaufgaben des operativen Controllings sind u.a. die kurzfristige Marketingplanung, die laufende Kontrolle der Aktivitäten im Marketing und ggf. die Entscheidung über Korrekturmaßnahmen. Dabei werden Parallelkontrollen und Ex-Post-Kontrollen eingesetzt.

3.14. Grundlagen des Wettbewerbsrechts

Rechtsquellen des Wettbewerbsrechts sind insbesondere das UWG (Gesetz gegen den unlauteren Wettbewerb und das GWB (Gesetz gegen Wettbewerbsbeschränkungen oder Kartellgesetz). Das UWG dient dem Schutz von Mitbewerbern, Verbrauchern sowie der sonstigen Marktteilnehmer vor **unlauteren geschäftlichen Handlungen**. Im Ergebnis geht es um den Erhalt des Wettbewerbs. Letzteres ist insbesondere auch Ziel des GWB. Das Wettbewerbsrecht ist stark von der Rechtsprechung geprägt. Verstärkt setzt der Gesetzgeber den Schwerpunkt auf Verbraucherschutz.

Nach der „**Generalklausel**" sind unlautere geschäftliche Handlungen im Wettbewerb unzulässig. Unlauter handelt, wer einer gesetzlichen Vorschrift zuwiderhandelt, die dazu bestimmt ist, das Marktverhalten zu regeln. Insbesondere unlauter sind daher **Lockvogelangebote, Schleichwerbung, Schneeballsysteme**, die unwahre Angabe, ein Unternehmer werde demnächst sein Geschäft aufgeben usw.

Das UWG schützt auch den Mitbewerber. So ist es unlauter, die Kennzeichen, Waren, Dienstleistungen, Tätigkeiten oder persönliche oder gesellschaftliche Verhältnisse eines Mitbewerbers herabzusetzen. Ebenso ist es unlauter, schädigende Aussagen über ihn zu verbreiten, sofern diese nicht wahr sind. Auch ist es unzulässig, einen Mitbewerber gezielt zu behindern. Das **Verbot der aggressiven geschäftlichen Handlung** untersagt eine aggressive geschäftliche Handlung, die geeignet ist, Verbraucher oder sonstige Marktteilnehmer zu einer geschäftlichen Entscheidung zu veranlassen, die diese andernfalls nicht getroffen hätten. Aggressiv ist es, die Entscheidungsfreiheit durch Belästigung oder Nötigung einschließlich körperlicher Gewalt zu beeinträchtigen.

Unzulässig handelt, wer eine irreführende geschäftliche Handlung vornimmt, die geeignet ist, Verbraucher oder sonstige Marktteilnehmer zu einer geschäftlichen Entscheidung zu veranlassen, die sie ohne diese Irreführung nicht getroffen hätten. Irreführend ist eine Handlung dann, wenn sie unwahre oder sonstige zur Täuschung geeignete Angaben enthält. So kann eine Irreführung in falschen Angaben über die Vorratsmenge, in der Werbung mit besonders günstigen Sonderangeboten, ohne diese ausreichend vorrätig zu haben sowie in falschen Angaben über Herstellungsart, Beschaffenheit oder den Ursprung liegen. Eine Irreführung kann auch bei **Werbung mit Selbstverständlichkeiten** vorliegen. Wirbt ein Autohaus „Zwei Jahre Gewährleistung!" so gibt es lediglich die gesetzliche Regelung wieder. Der Verbraucher könnte jedoch den Eindruck haben, er bekomme einen besonderen Vorteil. Ebenso gibt es eine **Irreführung durch Unterlassen**, wenn der Werbende es unterlässt, dem Kunden bestimmte, für die Entscheidung notwendigen Informationen mitzuteilen. Dies kann z.B. vorliegen, wenn der Verkäufer in einer Anzeige den Eindruck erweckt, es handle sich um einen Privatverkauf. Bei jeder Werbung ist der Grundgedanke von **Werbewahrheit** und **Werbeklarheit** zu berücksichtigen: Eine Werbung muss als solche erkennbar sein – Schleichwerbung ist unzulässig.

Die **Preisangabenverordnung** soll den Verbraucher vor irreführenden Preisgestaltungen schützen. Demnach müssen grundsätzlich bei allen Preisangeboten von Waren oder Dienstleistungen, die sich nicht ausschließlich an Unternehmer richten, Bruttopreise als Endpreise angegeben werden. Liegt ein Verstoß gegen die PAngVO vor, so ist dies regelmäßig auch ein Verstoß gegen das UWG.

Eine **vergleichende Werbung** ist zwar grundsätzlich zulässig. Sie muss sich aber auf objektive Kriterien stützen und darf den Mitbewerber nicht mehr als vermeidbar herabwürdigen. Der Übergang ist fließend.

Überschreitet die geschäftliche Handlung ein zulässiges Maß, so kann es sich um unzulässige **belästigende Werbung** handeln. Die liegt vor, wenn ein Marktteilnehmer in unzumutbarer Weise belästigt wird. Insbesondere wenn der Umworbene deutlich macht, nicht umworben werden zu wollen (z.B. Zettel am Briefkasten). Auch Telefonwerbung ist nur dann zulässig, wenn der Verbraucher vorher sein Einverständnis erklärt hat.

Liegt ein wettbewerbsrechtlicher Verstoß vor, so muss derjenige, der unzulässig handelt, zunächst mit einer **Abmahnung** rechnen. In der Abmahnung werden von einem betroffenen Mitbewerber, einem rechtsfähigen Verband, einer qualifizierten Einrichtung (Wettbewerbszentrale, Verbraucherverbände) oder der IHK/Handwerkskammer die **Beseitigung**, die **Unterlassung** und nicht selten ein Schadensersatzanspruch verlangt. Daneben besteht ein Anspruch auf Gewinnabschöpfung. Um das Abmahnverfahren zu beenden kann der Abgemahnte eine **strafbewehrte Unterlassungs- und Verpflichtungserklärung** abgeben. Er erklärt damit, in Zukunft das unlautere Verhalten nicht zu wiederholen und verpflichtet sich, für den Fall der Zuwiderhandlung eine Vertragsstrafe zu zahlen. Sollte der Abgemahnte die Erklärung nicht abgeben, so kann ein **einstweiliges Verfügungsverfahren** vor Gericht gegen ihn eingeleitet werden.

Das **Gesetz gegen Wettbewerbsbeschränkungen** (GWB) dient insbesondere dem Schutz vor **Monopolen** und **abgestimmten Verhaltensweisen**, zwischen Unternehmen. Beides stellt eine Einschränkung oder Verfälschung des Wettbewerbs dar. So sind **Preisabsprachen** ebenso unzulässig wie die missbräuchliche Ausnutzung der eigenen Marktstärke mit dem Ziel, den Mitbewerber zu behindern. Unternehmen, die eine bestimmte Größe überschreiten, müssen einen mit anderen Unternehmen geplanten Zusammenschluss bei der zuständigen Aufsichtsbehörde, dem **Bundeskartellamt** anmelden.

Zum gewerblichen Rechtsschutz gehört auch das **Marken- und Kennzeichenrecht**. **Markenschutzfähig** sind z.B. Wörter, Abbildungen, Buchstaben, Zahlen, Hörzeichen und Logo. Ist eine Marke durch Eintragung geschützt, so ist die Verwendung oder Anlehnung durch Dritte ausgeschlossen. Bei Verstößen droht auch hier ein Abmahnverfahren.
Durch das **Urheberrecht** wird der Urheber in seiner Beziehung zum Werk und dessen Nutzung geschützt. Der Urheber ist berechtigt, jeden Dritten von der Nutzung seines Werkes auszuschließen. Auch hier droht im Falle eines Verstoßes ein Abmahnverfahren.

4. Beschaffung und Logistik

Der Bereich Beschaffung (Einkauf) umfasst alle Arbeitsabläufe von der Planung des Einkaufs einer Ware über die Auftragsvergabe bis zum Wareneingang. Beschafft werden müssen in einem Handelsunternehmen neben der Ware z.B. Einrichtung, Büroartikel oder Kapital. Einflussfaktoren aus den Unternehmenszielen sind vor allem die Ansprüche an das Sortiment (z.B. die Bedarfsorientierung, das Preisniveau, die Qualitätsvorstellungen), ökologische Vorgaben und soziale Standards in der Zusammenarbeit mit weltweiten Lieferanten und der Wille zur Kooperation mit Partnern. Dazu kommen die speziellen Zielsetzungen der Einkaufsabteilung, wie niedrige Lagerkosten, hohe Liefersicherheit oder Verkaufsbereitschaft, und Unabhängigkeit von Lieferanten.
Neben den Unternehmenszielen wird die Beschaffungspolitik sehr stark von der Vertriebspolitik bestimmt. Denn der Vertrieb gibt die Art und Qualität des Artikels vor und legt mit Vorgabe des Verkaufspreises und der Handelsspanne fest, zu welchem Einstandspreis die Ware beschafft werden muss.
Auf dem Beschaffungsmarkt gibt es viele Veränderungen. Bestehende Geschäftsbeziehungen müssen dann abgebrochen oder sorgfältig geprüft und rechtlich abgesichert werden. Im Außenhandel nehmen z.B. politische Entscheidungen bzw. gesetzliche und zollrechtliche Bestimmungen großen Einfluss auf die Beschaffungspolitik.

4.1. Ermitteln des Bedarfs an Waren und Dienstleistungen

In der Beschaffung geht es um den Einkauf von Waren und Dienstleistungen. Bei der Ermittlung des Bedarfs sind Quantität und Qualität zu berücksichtigen. Das Handelsunternehmen muss festlegen, welche Waren im Sortiment geführt werden sollen. Grundlage sind dabei Betriebsform und Branche. Weitere interne Aspekte wie z.B. Liquidität, Lagermöglichkeiten, betriebliche Absatzstatistiken, Auswertungen von Kennzahlen und externe Faktoren wie z.B. Mitbewerbersituation, Kundenwünsche, Trends, Jahreszeiten müssen berücksichtigt werden.

Die Analyse des Warenbedarfs
Bei der Analyse des Warenbedarfs wird festgestellt, welche Artikel in welcher Menge im Sortiment enthalten sein sollen. Instrumente wie z.B. die ABC- Analyse, die XYZ- Analyse oder auch die Portfolio- Analyse können dabei angewendet werden.

Die ABC-Analyse: In der betrieblichen Praxis ist es oft so, dass relativ wenige Waren- Artikelgruppen bzw. Artikel - eine große Bedeutung für ein Unternehmen haben. Deshalb werden die Waren gemäß ihrer Wertigkeit in A-, B- und C- Güter unterteilt, so erzielen oft 20% aller Artikel einer Warengruppe 80% des Umsatzes bzw. repräsentieren 20% der Artikel 80% des Einkaufswertes oder 20%der Artikel entsprechen 80% des Lagerbestandswertes (Pareto-Prinzip).

- Bei **A-Waren** sind häufige Bestellungen angebracht, um den Lagerbestand klein zu halten und die Lagerumschlagshäufigkeit zu erhöhen. Fortlaufende Kontrollen der Lagerkennzahlen, Absatz- und Umsatzveränderungen sind wichtig. Bestellungen erfolgen gemäß dem Bestellpunktverfahren. Es ist darauf zu achten, dass die Sicherheitsbestände präzise festgelegt werden. Außerdem sollten mit den Lieferanten Verhandlungen über eine Verkürzung der Lieferzeit geführt werden und der Beschaffungsmarkt ggf. auf Alternativen hin untersucht werden.
- Bei der Beschaffung von **B-Waren** geht man fallweise je nach der Bedeutung im Sortiment vor. Es sollte eine regelmäßige Kontrolle erfolgen, um die Disposition ggf. in Richtung A- oder C- Waren anzupassen.
- Bei **C-Waren** sollte ein einfaches, z.B. verbrauchsgesteuertes Bestellverfahren angewendet werden, Kontrollen können eingeschränkt, stichprobenartig erfolgen. Es empfiehlt sich eine Konzentration auf wenige Lieferanten mit Rahmenverträgen. Wird ECR praktiziert, kann Vendor-managed Inventory (VMI) angewendet werden. (*siehe 4.3*)

XYZ-Analyse: Bei der XYZ- Analyse werden die Artikel/Waren nach der Genauigkeit eingeschätzt, mit der ihr Bedarf vorhergesagt werden kann. **X-Waren** sind ständig im Sortiment enthalten, sie sind durch einen konstanten Bedarfsverlauf gekennzeichnet. **Y- Artikel** sind Waren, bei denen die Nachfrage z.B. von saisonalen Schwankungen abhängig ist. **Z-Artikel** sind durch einen sehr unregelmäßigen Bedarf gekennzeichnet. Sie werden nur vereinzelt z.B. für Aktionen beschafft. Viele Unternehmen kombinieren die ABC- und XYZ- Analyse, um die Beschaffung zu optimieren,

Analyse des Bedarfs an Dienstleistungen: Die Beschaffung wird notwendig, wenn sich das Unternehmen für **Outsourcing** und nicht für die Eigenleistung entschieden hat. Kriterien wie z.B. die **fixen und variablen Kosten**, der Umfang der Leistungserbringung, die Qualität der Ausführung, Zuverlässigkeit in Zeit und Ausführung sowie die Flexibilität sind bei der Entscheidung zu berücksichtigen.

Bedarfsmengenermittlung: Grundsätzlich ergibt sich die Bedarfsmenge aus der verkauften Menge eines Vergleichszeitraums wie dem Vorjahr oder Vormonat. Aus dem Bedarf der Vergangenheit wird die zukünftige Bedarfsmenge prognostiziert. Dabei müssen Nachfrageveränderungen wie z.B. Mengenerhöhungen bei Trendartikeln oder Reduzierungen bei einer Sättigung des Marktes berücksichtigt werden. Schwierig ist die Mengenbestimmung bei neuen, innovativen Produkten. Die Bedarfsmenge muss nicht mit der Menge an Waren, die der Einkauf bestellt, identisch sein. Gründe dafür können z.B. vorhandene Lagerbestände, Aufteilung der Bedarfsmenge in saisonbedingte Teilmengen, das Überschreiten der Höchstbestellmenge oder das Unterschreiten der Mindestbestellmenge des Lieferanten sein.

Die Bestellung von kleinen Mengen ist mit hohen Bestellkosten verbunden, die Bestellung großer Mengen mit hohen Lagerkosten. Mit Hilfe der **Andler'schen Formel** kann die Einkaufsabteilung die **optimale Bestellmenge** ermitteln. Mit zunehmender Bestellmenge sinken die Bestellkosten, weil dann weniger Verwaltungsaufwand notwendig ist. Außerdem verbessern sich die Konditionen. Mit zunehmender Bestellmenge steigen jedoch die Lagerkosten wie z.B. Miete, Kosten der Mitarbeiter und die Lagerzinsen. Außerdem steigt das Risiko des Verderbs/Veralterung oder der Beschädigung. Voraussetzungen für die Berechnung sind z.B. konstante Lagerhaltungskosten, gleich hohe Bestellkosten, festgelegter Jahresbedarf an Artikeln, konstante Abverkäufe. Auch wenn diese Aspekte für den Handel in der Praxis weniger zutreffen, verdeutlicht die Berechnung die Abhängigkeit von Bestell- und Lagerkosten und gibt dem Einkauf eine Orientierung.

4.2. Beschaffungs- und Logistikprozesse

Organisationsformen der Beschaffung und Logistik (siehe auch Kap. 1.3)
Ein Handelsunternehmen hat die Möglichkeit, den Einkauf zentral zu bündeln oder dezentral zu organisieren. Beim Zentraleinkauf werden alle Beschaffungstätigkeiten zentral zusammengefasst und für das gesamte Unternehmen durchgeführt. Bei **einem dezentralen Einkauf** kann jede Organisationseinheit im Unternehmen – z.B. Filiale, Abteilung – selbständig einkaufen. Die Vor- und Nachteile aus dem zentralen Einkauf verkehren sich hierbei. Da beide Organisationsformen Vor- und Nachteile aufweisen, entscheiden sich Handelsunternehmen oft für Mischformen: **Zentraleinkauf mit dezentraler Disposition**: Der Zentraleinkauf fasst Pflichtartikel und mögliche zu führende Artikel in Listen zusammen, aus diesen gelisteten Artikeln können dann die Verkaufsniederlassungen/ Filialen individuell die jeweiligen Artikel auswählen und deren Einkaufsmengen festlegen. Oft werden hierbei mit den Lieferanten Rahmenverträge abgeschlossen. **Zentraleinkauf und dezentraler Einkauf**: Hierbei wird das Einkaufsbudget aufgeteilt. Der größte Teil wird dem Zentraleinkauf übertragen, über einen kleineren Teil können die Filialen verfügen, um auf regionale Besonderheiten einzugehen.

Organisation der Lagerhaltung: Bei der zentralen Lagerung werden alle Waren, mit denen ein Unternehmen handelt, an einem zentralen Standort gelagert. Alle Filialen und Kunden werden vom Zentrallager aus beliefert. Bei der dezentralen Lagerung werden die Waren an den jeweiligen Standorten der Filialen gelagert. Die Lagerung erfolgt direkt im Verkaufsraum oder in angrenzenden Lagerräumen. Oft werden bei größeren Unternehmen zusätzlich Regionalläger und Auslieferungsläger gehalten.
Beim **Beschaffungsprozess** sollen die einzelnen Maßnahmen so ineinandergreifen, dass das bestmögliche Ergebnis hinsichtlich der Warenbeschaffung erreicht wird. Ziel ist, einen wesentlichen Beitrag zum Gewinn des Unternehmens zu leisten. Bereits im Einkauf von Waren werden die Weichen für den Gewinn gestellt. Es geht im Prinzip darum, die vom Kun-

den gewünschte Ware in bester Qualität, in optimaler Menge, zum richtigen Zeitpunkt, am richtigen Ort, zum günstigsten Preis zur Verfügung zu stellen.
Bei der **Beschaffungsmarktforschung** steht der Beschaffungsmarkt im Mittelpunkt; dieser soll systematisch erkundet und analysiert werden. Die gegenwärtige Situation und die zukünftigen Entwicklungen werden untersucht, Chancen und Risiken aufgedeckt. Unsicherheiten bei Beschaffungsentscheidungen können so minimiert werden.
Bei der Entwicklung von **Beschaffungskonzepten** sollen Kosten minimiert werden; doch gleichzeitig muss das Handelsunternehmen leistungsfähig bleiben, um dauerhaft am Markt zu bestehen und Waren zeitlich, quantitativ und qualitativ bereitstellen zu können. Die Beschaffungskonzepte werden auch als „**Sourcing- Strategien**" bezeichnet. Die **Beschaffungskonditionen** stellen eine wichtige Grundlage für die Lieferantenbewertung und -auswahl dar. Unter Konditionen werden vereinbarte Bedingungen verstanden, unter denen Lieferanten und Händler ihre Geschäfte tätigen. Sie werden in Form von allgemeinen Geschäftsbedingungen (AGB) einseitig vom Verkäufer oder Käufer vorgegeben, zwischen den Geschäftspartnern ausgehandelt oder sie entsprechen den gesetzlichen Regelungen (BGB). Bei internationalen Handelsgeschäften werden die **Incoterms** (International Commercial Terms) vereinbart (*s. hierzu Kapitel 8*). Beim Vergleich vorliegender Angebote kann der Bezugspreis als Grundlage für eine Bestellentscheidung ermittelt werden, dies wird als **quantitativer Angebotsvergleich** (Preis, Rabatte, Skonto, Beförderungskosten, Transportversicherung und Verpackungskosten) bezeichnet. Parallel zum Ergebnis wird eine **qualitative Angebotsbewertung** (Warenqualität, Lieferfähigkeit, Lieferzeit, Zuverlässigkeit, Flexibilität, Verhalten bei Reklamationen, Möglichkeit von Retouren, Werbekostenzuschüsse, Lieferantenimage) durchgeführt.
Die **Bezugsquellen** ergeben sich aus dem gewählten Beschaffungsweg. Zusätzlich zum **direkten Beschaffungsweg**, bei dem der Handel die Waren direkt beim Hersteller kaufen kann, ist der **Indirekte Beschaffungsweg** weit verbreitet. Hierbei sind Zwischenhändler zwischen dem Produzenten und dem abnehmenden Handelsunternehmen eingeschaltet. Neben dem Großhandel, Handelsvertretern oder Einkaufskooperationen gibt es noch den Importeur und den Kommissionär.

E-Procurement: Bereits bei der Beschaffungsmarktforschung können Informationen über Suchmaschinen und elektronische Angebote von Industrie- und Handelskammern, Außenhandelskammern und Verbänden wie dem HDE mit seinen Fachverbänden eingeholt werden. Großhandelsunternehmen, die mit Investitionsgütern handeln, können z.B. durch Ausschreibungen über ihre Homepage nach Lieferanten suchen. Der Erstkontakt erfolgt durch den Lieferanten. **Virtuelle Marktplätze** oder spezielle Plattformen bringen Lieferanten und Handelsunternehmen im Internet zusammen. Sie sind branchenspezifisch, vergleichbar mit einem Sortimentsgroßhandel. **Horizontale** Marktplätze hingegen sind branchenübergreifend, vergleichbar mit einem Shopping-Center, z.B. www.amazon.de. Neben den genannten elektronischen Marktplätzen gibt es noch Plattformen für Auktionen/Versteigerungen wie z.B. eBay oder solche mit variablen Werten wie eine Börse.

Bei **Internet-Auktionen** wird die Ware versteigert, Internet-Börsen sind noch dynamischer in der Preisfindung; der Plattformanbieter nimmt Angebote und Nachfrage entgegen und ermittelt hierdurch fortlaufend den Preis. Auktionsformen können z.B. die englische (Vorwärtsauktion) oder die holländische (Rückwärtsauktion) sein.

Nutzwertanalyse als Instrument zur Lieferantenauswahl: Hat sich das Handelsunternehmen für eine **Bezugsquelle** und einen **Beschaffungsweg** entschieden, muss nun der Lieferant bestimmt werden, mit dem eine Geschäftsbeziehung aufgenommen werden soll. Die Auswahl erfolgt anhand bestimmter Kriterien wie z.B. Einstandspreis, Bezugskosten, Lieferzeit, Zahlungskonditionen, Service, Flexibilität, räumliche Distanz, Kulanz, Lieferantenimage etc.

Um eine optimale Auswahl zu treffen und gleichermaßen quantitative und qualitative Beurteilungskriterien zu berücksichtigen bietet sich die Nutzwertanalyse als Instrument an. Hierbei wird in folgender Weise vorgegangen:

1. Bestimmung und Auflistung der Beurteilungskriterien
2. Gewichtung der Kriterien gemäß eines prozentualen Gewichtungsschlüssels bezogen auf die jeweils individuelle Bedeutung des Kriteriums
3. Bewertung der Kriterien anhand einer Skalierung z.B. von 1 bis 10; der höchste Wert steht für die beste, der kleinste für die schlechteste Bewertung
4. Ermittlung der einzelnen Nutzwerte durch Gewichtung der Beurteilungspunkte
5. Addition der gewichteten Teilwerte
6. Festlegung einer Rangfolge bezogen auf die Gesamtwerte

Die Entscheidung für einen Lieferanten erfolgt in der Regel nach dem höchsten Gesamtwert.

Beschaffungs- und Logistikcontrolling: Lagerkennzahlen wie z.B. Lagerumschlagsgeschwindigkeit, Lagerbestände, Lagerdauer, Lagerhaltungskosten und Controllinginstrumente wie z.B. die ABC-Analyse, Portfolioanalyse, Balanced Scorecard, Nutzwertanalyse kommen beim Beschaffungs- und Logistikcontrolling zum Einsatz. Lieferanten werden nach Reklamations- oder Verzugsquote, aber auch nach dem Servicegrad beurteilt.

4.3. Die Wertschöpfungskette (Supply Chain Management)

Unter **Supply Chain Management (SCM)** wird die Erarbeitung eines kostenoptimierten Logistikkonzepts unter Betrachtung der gesamten Wertschöpfungskette verstanden. Durch die optimale Gestaltung der Waren- und Informationsflüsse soll ein dem Kundenbedürfnis entsprechendes Sortiment bereitgestellt werden. Das SCM geht also über die Logistikaufgaben Warentransport, Lagerung, Kommissionierung, Warenmanipulation und -pflege hinaus und bindet prozessübergreifende Schritte ein.

Die **Basistrategie ist hierbei Efficient Replenishment.** Es sorgt für die effiziente Warenversorgung. Ziel ist eine harmonisierte Logistikkette zwischen Hersteller, Lieferant und Händler. Dabei werden die Schnittstellen so ausgerichtet, dass ein möglichst reibungsloser Güter- und Informationsfluss gewährleistet ist. Hierzu gewährt der Handel dem Hersteller bzw. Lieferanten Einblick in seine Lagerdaten und Verkaufszahlen. Die gewünschte Ware soll somit jederzeit in ausreichender Menge am Verkaufsort sein. Dazu erfassen Scannerkassen die Verkaufsdaten am **Point of Sale**, die dann direkt vom Händler an den Hersteller weitergeleitet werden. Mit den Daten kann der Hersteller kurzfristig für den optimalen Nachschub sorgen. Somit werden der Kundennutzen durch die bessere Verfügbarkeit der Ware gesteigert und die Kosten durch die verbesserte Logistikkette reduziert. Das Konzept eignet sich vor allem für Sortimente, die laufend nachgefragt werden. Die Entscheidungen über Lieferantenauswahl, Sourcing Konzepte, Bezugsquellen/-wege, Transport und Lagerhaltung werden vom Einkauf und der Geschäftsleitung mit Hilfe von Controllinginstrumenten und Kennzahlen getroffen.

Identifikationstechnologien

Die Anzahl der im Handelssortiment enthaltenen Artikel ist sehr groß, ebenso die Anzahl der Lieferanten, von denen diese Artikel bezogen werden. Um einen schnellen und reibungslosen Beschaffungsprozess zu gewährleisten, werden unterschiedliche Technologien zur Artikelidentifizierung angewendet.

Bei der **Radio Frequency Identifikation** (RFID) handelt es sich um eine Technologie, bei der die Identifizierung z.B. einzelner Artikel, Verpackungseinheiten, Transporteinheiten automatisch, ohne Berührung und Sichtkontakt erfolgt. Die auf einem Transponder/ RFID-Tag gespeicherten Informationen in Form des Elektronic Produkt Code (EPC) werden automatisch gesendet und von einem speziellen Lesegerät empfangen. Das Lesegerät versorgt hierbei den Transponder über ein Radiofrequenzfeld mit der notwendigen Energie zum Senden der Daten.

Global Location Number (GLN): ist eine weltweit gültige und eindeutige Nummer zur Identifizierung von Unternehmen und deren organisatorischen Betriebseinheiten wie z.B. Niederlassungen, Filialen, Läger. Die GLN kann die teilweise umfangreichen Adressdaten von Lieferanten und Empfängern in z.B. Bestellformularen, Warenbegleitpapieren und anderen Formularen ersetzen, eine schnelle und fehlerfreie Erfassung der Adressdaten ist dadurch möglich. Die GLN ist die Voraussetzung für die Vergabe der GTIN zur eindeutigen Kennzeichnung von Artikeln.

Global Trade Item Number (GTIN) ist eine aus 8 bzw. 13 Zahlen bestehende Artikelnummer, die international festgelegt und weltweit überschneidungsfrei ist, wird als Strichcode z.B. auf einzelnen Artikeln abgebildet. Diese Barcode-Technik erleichtert die Erfassung der Waren beim Transport, der Ein- bzw. Auslagerung, bei Inventuren so wie beim Kassiervorgang durch einfaches Scannen. Im Verkauf kann dadurch die Preisauszeichnung der einzelnen Artikel entfallen. Die Preise sind im Warenwirtschaftssystem hinterlegt.

Standardprozesse: Efficient Consumer Response *(s. auch Kap. 4.4)* **(ECR)** benötigt in der Basisstrategie Efficient Replenishment bestimmte Basistechniken wie z.B. Cross Docking, Electronic Data Interchange (EDI), Efficient Unit Loads, Vendor-managed Inventory (VMI). Der Grundgedanke des **Cross Docking** ist eine empfängerorientierte Zusammenstellung der Warensendungen ohne deren Einlagerung. Zwischenlager werden beim Cross Docking zu reinen Umschlagplätzen, in denen die Ware von verschiedenen Lieferanten angeliefert, neu kommissioniert und umgehend an die Kunden ausgeliefert wird. Beim **Electronic Data Interchange (EDI)** tauschen die Partner der gesamten Wertschöpfungskette wichtige Daten aus. Dies erfolgt in einheitlichen Strukturen und Formaten wie z.B. über EDIFACT (Electronic Data Interchange For Administration Commerce and Transport). Es handelt sich um ein Verschlüsselungssystem für den globalen Austausch von Daten. Mit Hilfe von **Efficient Unit Loads** werden kompatible Transport- und Ladeeinheiten (Unit Loads) einheitlich gestaltet, um Waren zwischen Hersteller und Empfänger möglichst wenig - am besten gar nicht - umladen und umpacken zu müssen. Waren und Sortimente werden zu logistischen, kombinierbaren Einheiten mittels einheitlicher Ladungsträger und Transportverpackungen zusammengefasst. **Vendor-Managed Inventory (VMI)** ist ein Konzept, bei dem die Bestandsführung vom Händler auf den Lieferanten übertragen wird. Ziel ist es, Informationen der Wertschöpfungskette an die Industrie zurückzuleiten und die Distribution somit über die Lieferanten durchführen zu lassen. Im Rahmen des VMI hat der Lieferant über Electronic Data Interchange (EDI) Zugriff auf relevante Artikelinformationen beim Händler.

Die **Warenflusssteuerung** beschreibt die **Lieferkette** zwischen Lieferant und Endkunde. Ziel ist ein Gleichgewicht zwischen einer hohen Warenverfügbarkeit in den Verkaufsstellen und geringen Logistikkosten. Der Händler kann die Ware z.B. vom Lieferanten an sein Zentrallager liefern lassen, dort wird die Ware angenommen, geprüft und eingelagert. Die Möglichkeiten im Rahmen des Cross Docking sind mit in die Steuerung des Warenflusses einzubeziehen, da hier Kosten und Zeit eingespart werden können. Die Warenlieferungen können ebenfalls vom Lieferanten direkt an die Filialen des Händlers erfolgen – „Direct Store-Delivery". Beim **Streckengeschäft** wird die georderte Ware direkt vom Lieferanten zum Kunden des Händlers befördert.

Ein wichtiger Aspekt bei der Warenflusssteuerung ist die eindeutige **Identifizierung der Ware** z.B. über Barcodes oder RFID zur Weiterverarbeitung der erfassten Daten werden IT-gestützte **Warenwirtschaftssysteme** (WWS) eingesetzt. Mit Hilfe des WWS wird der gesamte Waren- und Datenfluss durch das Handelsunternehmen dokumentiert und kontrolliert. Ferner können warenbezogene Informationen über den Warenabsatz als Grundlage für Einkaufs dienen. Das Warenwirtschaftssystem besteht in seinem Aufbau aus einzelnen Modulen – Einkaufssystem, Wareneingangssystem, Lagerwirtschaftssystem, Warenausgangssystem, Informationssystem. In einem **geschlossenen WWS** wird der gesamte Warenfluss eines Handelsunternehmens im IT-System erfasst, gesteuert und kontrolliert. In einem **offenen WWS** werden nicht alle Bereiche der Warenwirtschaft – Beschaffung, Lagerung, Absatz - durch die IT erfasst. In vielen Fällen wird in kleineren Handelsunternehmen der Verkauf ausgeschlossen. Bei einem **integrierten WWS** werden Lieferanten beim Kunden und umgekehrt die Kunden beim Lieferanten in deren jeweilige Warenwirtschaftssystem per **EDI** eingebunden.

4.4. Efficient Consumer Response (ECR) (effiziente Reaktion auf Kundenwünsche)

Category Management als eine Voraussetzung für ECR: Das Category Management ist ein gemeinsam von Händlern und Lieferanten durchgeführter Prozess, bei dem Produkt- und Servicekategorien als strategische Geschäftseinheiten geführt werden. Die Waren werden in geeignete strategische Kategorien mit dem Ziel einer Ergebnisverbesserung zusammengefasst. Eine Category stellt dabei eine abgrenzbare und eigenständig steuerbare Gruppe von Produkten dar, die Zielkunden als zusammengehörig für die Befriedigung ihrer Bedürfnisse sehen.

Strategien des Efficient Consumer Response: Kunden wollen immer eine große Auswahl zum günstigen Preis vorfinden. Handel, Lieferanten und Hersteller arbeiten hier miteinander, um die Kundenwünsche besser, schneller und kostengünstiger zu erfüllen. Es handelt sich um eine Konzeption zur Optimierung der gesamten Wertschöpfungskette vom Produzenten über den Handelsbereich bis hin zum Endverbraucher. Der klassische Stufenansatz mit in sich geschlossenen Bereichen wie Produktion und Lager vernetzt sich zu einem durchgängigen offenen Prozess. Efficient Consumer Response wandelt die klassische Push-Versorgung zur Pull-Versorgung, deren Auslöser der Konsument mit seinen Bedürfnissen und Wünschen ist. Um dies zu erfüllen, sind die Schnittstellen in der Dreier-Beziehung Kunde – Handel – Hersteller zu optimieren:

- **Optimierung der Supply Side** (Versorgungsseite) im Rahmen des Supply Chain Managements: Dies betrifft alle Themen, die einen effizienteren Warenfluss vom Hersteller bis zum Konsumenten garantieren. Hierzu gehören die Strategie Efficient Replenishment und die Basiselemente Cross Docking, Efficient Unit Loads.
- Die **Optimierung der Demand Side** (Nachfrageseite) im Rahmen des Category Management betrifft die Erwartungen der Verbraucher. Zu den Strategien gehören Efficient Product Introduction, Effizient Assortiment und Efficient Promotion. Basistechnologien sind notwendige Voraussetzungen, damit ECR sinnvoll umgesetzt werden kann. Viele Handelsunternehmen werden zukünftig Artikeldaten mit Hilfe von EDI nur einmal in das System eingeben, die dann alle Partner nutzen. Verkaufsdaten werden mit Hilfe der Barcodes und Scannerkassen oder durch RFID-Lesegeräte beim Wareneingang und -ausgang eingelesen und automatisch weitergegeben.

Unter **Efficient Assortment** (Effiziente Sortimentsgestaltung) wird die Bildung eines optimalen Sortimentsportfolios verstanden, das sowohl den Nutzen für den Konsumenten als auch die Geschäftsergebnisse des Händlers und Lieferanten verbessern soll. Die Sorti-

mentsgestaltung erfolgt gemeinsam mit Händler und Lieferant, dessen Ziel es ist, die Warenbestands- und Flächenproduktivität zu optimieren. Dazu wird zwischen Mengen-, Profit- und Strategie-Artikeln unterschieden. Mengenartikel werden nach dem Umsatz und Profitartikel nach dem Deckungsbeitrag ausgewählt; Strategie-Artikel sind z.B. Frequenzbringer.
Efficient Promotion ist die Optimierung der Aktionsgestaltung. Efficient Promotion koordiniert die Verkaufsfördermaßnahmen zwischen Handel und Hersteller. Die beworbenen Artikel sollen mit den Bedürfnissen des Konsumenten mehr als bei der klassischen Preisaktion im Einklang stehen. Exklusivität und Erlebniseinkauf sind wichtig. Die Warenpräsentation wird verbessert und Datenaustausch zur schnelleren Reaktion auf verändertes Verbraucherverhalten geschaffen. Effizient Promotion trägt auch zur besseren Planung der Aktionen und zur Optimierung der Bevorratung der Aktionsartikel bei.
Efficient Product Introduction bedeutet die gemeinsame Entwicklung und Einführung neuer Produkte. Ziel von Lieferant und Händler ist es, sich stärker am Konsumentenverhalten zu orientieren, um dadurch die Erfolge neuer Produkte zu sichern. So erarbeiten Hersteller und Handel vor einer Produktneueinführung ein Konzept, um teure Flops zu vermeiden. Ziele sind die Optimierung der Produktentwicklung durch Zusammenführung des Knowhows von Hersteller/Lieferant (Wissen über Konsumenten und Märkte) und Händler (Wissen über Warengruppen und Artikel), Senkung der Entwicklungskosten, Controlling der Markteinführung neuer Artikel, Gemeinsame Durchführung von Artikeltests (z. B. Testverkäufe), Austausch von Abverkaufsdaten und gemeinsame Beurteilung der Markteinführung.

4.5. Transport- und Entsorgungsprozesse

Transportprozesse: Waren werden heute von Handelsunternehmen nicht nur regional, sondern vielmehr global beschafft. Somit kommt den Überlegungen zum Transport der Waren eine große Bedeutung zu. Die gesetzliche Regelung sieht vor, dass der Kunde, also das Handelsunternehmen, die Kosten der Lieferung ab Übergabe an das Transportunternehmen übernehmen muss. Dabei wird die Notwendigkeit einer schnellen Belieferung immer wichtiger und bei zentralisierter Lagerhaltung die Fremdvergabe von Warentransporten sinnvoll.

Planung und Organisation des Warentransports

Die Entscheidung zwischen **Eigen- oder Fremdtransport** ist abhängig von der Kostenhöhe/-struktur, Flexibilität, Qualität und Kapazität. Beim Eigentransport wird der Transport zu den Kunden in Touren geplant. Dabei werden Fahrten zu Kunden aus derselben Region zusammengefasst, ebenso bei kontinuierlichen Belieferungen der eigenen Filialen unter Berücksichtigung von Fahrzeugkapazität, Liefermengen, Wegstrecken, Fahrtzeiten, Anlieferungszeiten, usw. Ziele der Tourenplanung sind unter anderem die Senkung der Transportkosten, eine optimierte Auslastung der Lieferfahrzeuge, kurze Lieferzeiten und Qualitätssteigerung des Kundenservice. Beteiligte am Transportprozess sind der LKW (Straßenverkehr), die Bahn (Schienenverkehr), Binnen-/Seeschiffe (Schiffsverkehr) und das Flugzeug (Flugverkehr). Beim **Fremdtransport** setzt das Handelsunternehmen oft einen **Spediteur** ein. Dies ist ein Dienstleistungsunternehmen, das die Beförderung organisiert. Klassische Spediteure beauftragen dann **Frachtführer**, die den eigentlichen Transport durch LKW, Bahn, Binnenschiff, Hochseeschiff oder Flugzeug übernehmen. Nur im Direktverkehr wird ein einziges Transportmittel gewählt. In der Logistik wird oft versucht, die Vorteile der einzelnen Transportmittel miteinander in einem **Transportnetzwerk** zu kombinieren, unterschiedliche Transportarten werden zu einer Transportkette verbunden. Hier können **gebrochene oder kombinierte Verkehre, Roll-on/Roll-off oder Ro-Ro-Verkehre**, aber auch **Containerverkehre** genutzt werden. Die Zusammenfassung von Einzelladungen zu **Teil- oder Komplettladungen** ist ein Mittel zur Steigerung der Transporteffizienz. Eine besondere Art der Sammelladung sind die Kurier-, Express- und Paketdienste. Kleine Sendungen werden sehr schnell und zuverlässig befördert. Hierzu gehören Kurier-, Express- und Paketdienste. Logistikdienstleister arbeiten meist gemäß dem **Hub and Spoke System**. Über ein verzweigtes Speichensystem (Spoke) werden die Transportgüter gesammelt, über regionale Depots an eine Zentralstelle/Nabe (Hub) z.B. in der Mitte eines Landes befördert, von dort aus wieder über die Regionaldepots und das Speichensystem den Empfängern zugestellt. Durch die Bündelung der Transportgüter in regionale Einheiten in der **Zentralstelle/Nabe** wird der Transportprozess dabei kostenbezogen und zeitlich optimiert. In der Regel werden die Haupttransporte mittels großer LKW und die Sortierung im Hub nachts abgewickelt, sodass die Waren am nächsten Morgen über die regionalen Depots mit kleineren Auslieferungsfahrzeugen an die einzelnen Empfänger ausgeliefert werden können.

Häufig werden heute Sendungsverfolgungssysteme (NVE, RFID und GPS) eingesetzt, um die Sendung auf Vollständigkeit zu überprüfen, den Frachtführer und Empfänger rechtzeitig z.B. über die Ankunft zu informieren, Auftraggebern Auskunft über den momentanen Verbleib des Transportgutes zu geben und Transport- und Umschlagzeiten zu minimieren. Transportbedarf fällt nicht nur außerbetrieblich/extern an, sondern auch innerhalb eines Unternehmens/ intern z.B. bei der Warenannahme, der Ein-/Auslagerung, Umlagerung und Kommissionierung im Lager und in den Filialen an. Die notwendigen Transportmittel werden dabei als Fördermittel bezeichnet, diese können z.B. in unstetige (Hubwagen, Stapler, Krane etc.) und stetige (Förderbänder, Rollbahnen, Paternoster etc.) unterschieden werden.

Transportkosten: Neben den Kosten prüft das Handelsunternehmen die Transportzeit pro Transportauftrag. Transportzeiten werden mit den Kosten für Transport und Lagerhaltung abgewogen. Beim Eigentransport wird der Auslastungsgrad der LKWs geprüft. Neben den Kennziffern ist noch wichtig, ob der Transport auf die gewählte Art zuverlässig und flexibel durchgeführt wird. Transportschäden dürfen nicht auftreten.
Die Entscheidung „**Make or Buy**" kann anhand einer Kostenvergleichsrechnung („kritische Menge") erfolgen.

Entsorgung
Rechtliche Vorschriften schreiben dem Handelsbetrieb vor, wie dieser die Entsorgung von Abfällen (z.B. Verpackungsmaterialien, verdorbene Lebensmittel, unverkäufliche Ware) vornehmen muss, doch auch die Öffentlichkeit, die Kunden und letztlich auch die Mitarbeiter selbst fordern ein umweltbewusstes Handeln des Unternehmens. So stellen Aktivitäten im Umweltschutz heute einen Marketingfaktor dar. Bei den rechtlichen Vorschriften sind für den Handel vor allem das Kreislaufwirtschaftsgesetz und das Verpackungsgesetz von Bedeutung. Das Gesetz regelt den Umgang mit Abfällen gemäß dem Verursacherprinzip. Die Unternehmen sind für die **Vermeidung, Verwertung und die umweltverträgliche Beseitigung** der Abfälle grundsätzlich selbst verantwortlich. Zunächst sollen Abfälle möglichst vermieden werden (Mehrweg- statt Einwegverpackungen, Palettentausch). Lassen sich Abfälle nicht vermeiden, sind sie in einen Verwertungskreislauf einzubringen, um die in ihnen enthalten Wertstoffe wieder zu gewinnen und neu zu verarbeiten. Nicht mehr nutzbare Abfälle sind sicher und umweltverträglich zu entsorgen (Deponie oder in einer Müllverbrennungsanlage). Meist wird im Handel nach Papier/Karton, Verpackungen wie Aluminium, Weißblech, Kunststoffe, Verbundverpackungen und Glas, sortiert und mit Entsorgungsunternehmen zusammengearbeitet. Sondermüll / -abfälle sind Abfallstoffe, die im Wirtschaftskreislauf keinen Wert mehr besitzen und eine Gefahr für die Gesundheit oder Umwelt darstellen. Zu Sondermüll zählen z.B. Lösemittel, Säuren, Laugen, Lacke, Altpestizide und Stoffe mit Schwermetallverunreinigungen. Der Gesetzgeber bezeichnet diese gefährlichen Abfallstoffe als besonders überwachungsbedürftige Abfallstoffe, die Entsorgung dieser Abfälle unterliegt der gesetzlichen Nachweispflicht.

Das **Verpackungsgesetz** ist für den Einzelhandel von besonderer Relevanz. Hier sind die Verpflichtung zur Rücknahme bzw. zur Sammlung gemäß den stofflichen Trennungsvorschriften und die Verwertung geregelt. Das Gesetz unterscheidet zwischen **Transport-, Um- und Verkaufsverpackungen**. Es verfolgt also zwei Ziele: Die Rücknahmepflicht verpflichtet die Wirtschaft, Verpackungen von ihren Kunden zurückzunehmen und sie dann wieder zu verwenden oder zu verwerten. Das Verpackungsgesetz regelt neben der Rücknahmepflicht die Pfanderhebung für Getränke in ökologisch nicht vorteilhaften Verpackungen wie Getränkedosen, Einweg-Glasflaschen und -Plastikflaschen. Damit ist das Handelsunternehmen verpflichtet, Verpackungen unabhängig von Marke und Kennzeichen zurückzunehmen. Damit muss der Einzelhändler auch Leergut von anderen Anbietern zurücknehmen, es sei denn, seine Verkaufsfläche liegt unter 200 qm.

Das Elektro- und Elektronikgerätegesetz regelt z.B. die Entsorgung von jährlich mehreren Millionen Tonnen gebrauchter Waschmaschinen, Fernseher, Computer, Kühlschränke und Kleingeräte. Die Verbraucher dürfen ihre Elektrogeräte nicht mehr in den Haus- oder Sperrmüll geben, sondern müssen diese im Wertstoffhof abgeben oder abholen lassen, ohne dass dem Verbraucher hierbei Kosten entstehen. Die Geräte tragen eine Kennzeichnung für die separate Sammlung – eine durchgestrichene Abfalltonne. Für die separate Sammlung müssen sich die Hersteller und Importeure von Elektrogeräten beim Elektro-Altgeräte-Register (EAR) eintragen lassen, denn sie finanzieren den Abtransport der Altgeräte bei den Städten und Gemeinden gemäß ihrem Anteil, mit dem sie Neugeräte auf den Markt bringen.

4.6. Lagerprozesse

Entscheidung für die Lagerhaltung: Natürlich wünscht sich jedes Handelsunternehmen – genauso wie die Industrie – eine „**Just-in-time**"-Belieferung ohne kostenintensive Lagerhaltung. Die spezifischen Funktionen des Handels wie z.B. die Zeitüberbrückung, Raumüberbrückung, Vordisposition, Kreditfunktion und auch die Warenfunktion bringen es aber gerade mit sich, ein Lager vorzuhalten. Die Entscheidungen über den Lagerstandort, die Lagergröße und die Lagertechnik sind mit erheblichen Investitionen verbunden und gelten für einen langfristigen Zeitraum. Deshalb haben sie einen strategischen Charakter. Je nach Zielsetzung erfüllt die Lagerhaltung eine Ausgleichs-, Sicherungs- oder Spekulationsfunktion.

Lagerorganisation: Jedes Handelsunternehmen ist bemüht, die Lagerungsprozesse so kurz wie möglich zu gestalten. Folgende **Anforderungen** werden an das Lager gestellt: Die Bevorratung sollte ausreichend sein, um die Kundenwünsche jederzeit erfüllen zu können. Im Großhandel sollen den Kunden kurze Lieferzeiten angeboten werden können. Die Kosten des Lagers müssen minimiert werden. Die Aufteilung des Lagers soll so wenige Warenbewegungen wie möglich gewährleisten. Das Lager muss die Ware vor Beschädigung, Diebstahl, Verderb usw. schützen. Im Lager müssen gesetzliche Sicherheitsanforderungen erfüllt werden. Die Gefahrstoffverordnung dient dem Schutz vor einer Gefährdung der Gesundheit und der Sicherheit im Umgang mit Gefahrstoffen. Ebenso soll die Umwelt vor Schäden bewahrt werden. Die sachgerechte Einlagerung von z.B. Gasflaschen, Spraydosen, Chemikalien und insbesondere Feuerwerkskörpern muss unter strengen Sicherheitsvorschriften erfolgen, da diese bei unsachgemäßem Umgang und Lagerhaltung Explosionen oder Brände auslösen bzw. beschleunigen können. Rauchmeldeanlagen, Feuerlöscher, Sprinkleranlagen etc. müssen installiert sein, um den Brandschutz im Lager und den Verkaufsräumen zu gewährleisten. Arbeitsschutz und Unfallverhütungsvorschiften müssen eingehalten werden, dafür sind entsprechende Verantwortliche zu beauftragen und ständig zu schulen. Ferner müssen auch die Lagereinrichtung und Hilfsmittel bestimmten Sicherheitsstandards, z.B. bezogen auf Standsicherheit und maximale Nutzlast, entsprechen. Die Arbeitsstättenverordnung enthält ebenfalls Vorgaben und Regelungen über Rettungswege, Fluchttüren, Lärmschutz, Belüftung, Beleuchtung etc.

Zur **Einlagerung** gehören die Warenannahme, die Zuordnung der Ware z.B. nach A-, B- oder C-Artikeln sowie die Zuweisung eines Lagerplatzes. In größeren Handelsunternehmen findet die Zuweisung durch das Warenwirtschaftssystem statt. Nach der Zuweisung erfolgt der Transport der Ware zu dem vorgesehenen Platz. Der Wareneingangskontrolle kommt bei der Einlagerung eine besondere Bedeutung zu. Jede Lieferung wird zunächst vor Annahme geprüft: Auf Empfängeranschrift, Absender, Art und Zahl der angelieferten Einheiten und den Zustand der Versandverpackung oder der unverpackten Ware. Bei einer unbeanstandeten Prüfung wird dem Anlieferer die ordnungsgemäße Übergabe bestätigt, bei Falschlieferungen wird die Ware zurückgegeben, unvollständige Lieferungen oder Beschädigungen der Verpackung bzw. der unverpackten Ware werden auf den Transportpapieren vermerkt und vom Anlieferer bestätigt. Nach HGB § 377 muss der Kaufmann die Ware unverzüglich nach Wareneingang auf Mängel prüfen. Daher wird die Ware unverzüglich ausgepackt, nach Artikeln sortiert und Art, Menge und Beschaffenheit mit Lieferschein, Rechnung und Auftrag verglichen. Mängel werden schriftlich festgehalten. Der Einkauf zeigt die Mängel innerhalb der gesetzlichen bzw. vertraglichen Fristen beim Lieferanten an. Sind Qualität, Funktionsfähigkeit, chemische Zusammensetzung oder physikalische Eigenschaften der Ware nicht sofort erkennbar, wird eine sorgfältige Qualitätsprüfung von Fachleuten vorgenommen. Dies verzögert natürlich die Auslieferung an die Filialen. Daher gehen marktstarke Unternehmen dazu über, die Wareneingangskontrolle an den Lieferanten rückzudelegieren, meist sind diese Lieferanten ISO-zertifiziert, so dass Prüfabläufe garantiert werden. Die **Lagerung** der Ware gewährleistet eine hohe Verkaufs- und Lieferfähigkeit, verursacht jedoch auch hohe Kosten. Daher wird der Warenbestand ständig kontrolliert. Die Ergebnisse werden mit Lagerkennziffern verglichen. Vor der **Auslagerung** wird zunächst geprüft, ob die Ware in ausreichender Menge vorrätig ist. Dann wird die Ware kommissioniert, zum Versandplatz gebracht und zur Verladung bereitgestellt. Im Großhandel findet wie beim Wareneingang eine sorgfältige Ausgangskontrolle statt. Die Artikel werden nach Art, Menge und Beschaffenheit geprüft, Artikelnummer und Menge mit den Angaben auf den Warenbegleitpapieren verglichen. Bei Auslieferung an ein Transportunternehmen oder an den Kunden direkt lässt sich der Mitarbeiter den Erhalt bestätigen, die bestätigte Kopie wird an den Verkauf weitergeleitet.

Die **Lagerordnung** gewährleistet die Übersichtlichkeit der Warenlagerung und die optimale Ausnutzung der zur Verfügung stehenden Lagerfläche, ein schnelles Einordnen und Entnehmen sowie die Kontrolle der eingelagerten Waren. Anhand der jeweiligen Lagerumschlagshäufigkeit der Ware ergibt sich die Zugriffshäufigkeit auf die einzelnen Artikel, die ebenfalls bei der Entscheidung über die Art der Lagerordnung mit einbezogen wird. Bei der **systematischen Lagerordnung** bekommt jeder Artikel entsprechend dem Lagerplan einen festen Lagerplatz zugewiesen. Die **Chaotische Lagerhaltung / Freiplatzsystem** sieht keine festen, reservierten Lagerplätze vor. Die eintreffenden Waren werden auf jeweils freien Lagerplätzen untergebracht mit Hilfe eines IT-gestützten Lagersystems.

Wirtschaftlichkeit der Lagerhaltung: Die Bevorratung von Waren verursacht erhebliche Kosten. Jeder Handelsbetrieb ist daher bemüht, die gelagerte Warenmenge und die Lagerdauer so gering wie möglich zu halten. Die Lagerkosten können nach fixen und variablen

Kosten unterschieden werden. Die Kosten, die nicht von der Menge der gelagerten Ware abhängig sind, sind die **fixen Lagerkosten**, hierzu gehören z.B. Miete, Abschreibungen, Raumnebenkosten, Löhne und Gehälter für die fest angestellten Lagermitarbeiter. **Variable Lagerkosten** sind die Kosten, die von der Menge der gelagerten Ware abhängig sind wie z.B. Kosten auf Grund von Beschädigung oder Verderb der Ware, Zinskosten für das in Ware gebundene Kapital. Aus den Lagerkosten ergibt sich der **Lagerkostensatz**. Der Lagerkostensatz ermittelt den prozentualen Anteil der Lagerkosten am Wert des durchschnittlichen Lagerbestands; der **Lagerhaltungskostensatz** berücksichtigt noch zusätzlich die **Lagerzinsen**. Die **Lagerbestands- und Lagerverbrauchsrechnungen** unterstützen die Planung und Kontrolle der Lagerbestände sowie die Optimierung des Warenflusses von der Ein- bis zur Auslagerung.

Mit Hilfe der **Fortschreibungsmethode** oder **Skontrationsmethode** werden alle Warenbewegungen fortlaufend festgehalten:

Anfangsbestand + Zugänge – Abgänge = Endbestand

Mit der **Befundsrechnung** oder **Bestandsdifferenzrechnung**, auch als Inventurmethode bekannt, werden die Warenzugänge und Warenabgänge nicht laufend erfasst, der Warenbestand ergibt sich erst am Ende einer Rechnungsperiode durch die Berücksichtigung des Anfangsbestandes gemäß der Vorjahresinventur, der neuen Inventur am Ende der Rechnungsperiode und der im Laufe des Jahres erfolgten Zugänge entsprechend der Wareneingangserfassung.

Anfangsbestand + Zugänge – Endbestand = Wareneinsatz

Inventurverfahren: Jeder Kaufmann ist gemäß § 240 HGB verpflichtet, am Beginn seiner Handelstätigkeit und am Ende eines jeweiligen Geschäftsjahres eine Inventur durchzuführen und ein Inventar zu erstellen. Aus dem Vergleich des Soll-Bestands anhand der Lagerkartei oder des Warenwirtschaftssystems und dem Ist-Bestand nach der Inventur ergibt sich die Inventurdifferenz. Das HGB §§ 240, 241 sieht verschiedene Inventurverfahren vor, aus denen der Kaufmann das für sein Unternehmen geeignete Verfahren auswählen kann. Bei der **Stichtagsinventur** erfolgt die körperliche Bestandsaufnahme am Bilanzstichtag bzw. bis zu 10 Tage davor oder danach (Wertfortschreibung). Bei der **Stichprobeninventur** wird der Bestand mit Hilfe anerkannter mathematisch-statistischer Methoden anhand von Stichproben ermittelt. Die **permanente Inventur** benötigt IT-gestützte Warenzu- und -abgänge mittels eines geeigneten Warenwirtschaftssystems. Und die **verlegte Inventur** erfasst die Bestände zu einem Zeitpunkt innerhalb der letzten drei Monate vor oder der ersten zwei Monate nach Abschluss des Geschäftsjahres.

Bewertungsansätze und -verfahren: Nach der Inventur werden die Lagerbestände bewertet, meist zu dem Wert, zu dem sie beschafft wurden. Ist jedoch ein Artikel in seiner Gesamtmenge in der Inventur erfasst und zu unterschiedlichen Einstandspreisen bezogen worden - der Listenpreis hat sich z.B. im Laufe des Jahres geändert, die Konditionen sind neu abgeschlossen worden - muss das Handelsunternehmen entscheiden, zu welchem Einstandspreis die Lagerbestände bewertet werden (Einzel-, Sammel- oder Durchschnittsbewertung). Die Vorgehensweisen **Fifo, Lifo** oder **Hifo** beeinflussen die Bewertung ebenfalls.

4.7. Kaufrecht und Erfüllungsstörungen

Im deutschen Recht haben höherrangige Rechtsquellen mehr Gewicht als nachgeordnete. So darf ein Vertrag nicht gegen geltende Gesetze verstoßen. Um sich auf den Schutz des Rechts berufen zu können muss die betreffende Person rechtsfähig sein. **Rechtsfähigkeit** bedeutet, Träger von Rechten und Pflichten sein zu können. Bei **natürlichen Personen** (dem Menschen) beginnt diese mit Vollendung der Geburt und endet mit dem Tod, bei **juristischen Personen** (insbesondere GmbH und Aktiengesellschaft) beginnt sie mit Eintragung im Handelsregister und endet mit Löschen aus dem Handelsregister. Von der Rechtsfähigkeit ist die **Geschäftsfähigkeit** abzugrenzen. Geschäftsfähig ist, wer selbständig im Rechtsverkehr auftreten und Willenserklärungen abgeben kann. Die Geschäftsfähigkeit besteht ab Vollendung des 18. Lebensjahres, sofern diese nicht durch z.B. Erkrankungen ausgeschlossen ist. Bis zum vollendeten 7. Lebensjahr ist das Kind **geschäftsunfähig**. Danach, bis zum vollendeten 18. Lebensjahr besteht **beschränkte Geschäftsfähigkeit**. Beschränkt geschäftsfähige können Rechtsgeschäfte abschließen, wenn der gesetzliche Vertreter dem zustimmt oder das Geschäft nur rechtlich vorteilhaft ist. Der beschränkt Geschäftsfähige kann auch von Mitteln, die ihm zur freien Verfügung überlassen worden sind (**Taschengeld**) Rechtsgeschäfte wirksam abschließen.

Für den Abschluss von Verträgen gilt die **Vertragsfreiheit**. Die Parteien sind grundsätzlich frei in der Entscheidung, ob und mit wem und mit welchem Inhalt sie einen Vertrag abschließen (**Abschlussfreiheit** und **Inhaltsfreiheit**). Sie sind auch grundsätzlich darin frei, in welcher Form sie den Vertrag abschließen (**Formfreiheit**). Dies kann mündlich, schriftlich oder konkludent (durch eindeutige Handlung) geschehen. Nur in bestimmten Fällen sieht der Gesetzgeber **Formzwang** wie Schriftform, öffentliche Beglaubigung oder notarielle Beurkundung vor.

Um einen Vertrag abzuschließen, bedarf es zwei übereinstimmender **Willenserklärungen**. Eine Willenserklärung enthält einen **Handlungswillen** (dem Erklärenden ist bewusst, dass er überhaupt handelt), einen **Erklärungswillen** (dem Erklärenden ist bewusst, dass er mit seiner Erklärung etwas rechtlich Erhebliches erklärt) sowie einen **Geschäftswillen** (der Erklärende will genau dieses Rechtsgeschäft abschließen). Willenserklärungen, die auf den Abschluss eines Vertrages gerichtet sind, sind immer **mehrseitig**, daneben gibt es **einseitige** Willenserklärungen, wie z.B. die Kündigung oder das Testament. Eine Willenserklärung muss abgegeben werden. Dies ist der Fall, wenn sie den Empfänger erreicht. Dem Empfänger muss die Willenserklärung zugehen. **Zugegangen** ist sie dann, wenn sie in den Machtbereich des Empfängers gelangt ist. Eine nicht empfangsbedürftige Willenserklärung ist dagegen das Testament.

Willenserklärungen können **befristet** werden. Dies bedeutet, dass z.B. ein Angebot nur bis zu einem bestimmten Termin gültig ist. Ist eine Willenserklärung nicht eindeutig, so muss sie **ausgelegt** werden, der wirkliche Wille muss dann erforscht werden.

Schweigen bedeutet im Rechtsverkehr grundsätzlich nichts. Ausnahme ist das so genannte **kaufmännische Bestätigungsschreiben.** Handeln auf beiden Seiten Kaufleute und eine Seite bestätigt einen bereits z.B. telefonisch besprochenen Vertrag, so hat der Empfänger den Inhalt unverzüglich zu überprüfen und im Falle von Abweichungen dies dem Vertragspartner mitzuteilen. Tut er dies nicht, so gilt das vereinbart, was in dem kaufmännischen Bestätigungsschreiben festgehalten wurde.

Unter bestimmten Voraussetzungen ist nachträglich auch die **Anfechtung** einer Willenserklärung möglich. Dies ist bei einem **Erklärungsirrtum** (der Erklärende verspricht oder verschreibt sich), bei einem **Inhaltsirrtum** (der Erklärende weiß, was er sagt, irrt sich jedoch über den Inhalt – irrtümliche Verwendung von Währungen oder Maßen) oder einem **Eigenschaftsirrtum** (der Erklärende irrt sich über eine verkehrswesentliche Eigenschaft einer Person oder Sache) möglich. Eine Anfechtung kommt auch in Betracht, wenn der Erklärende **bedroht** oder **arglistig getäuscht** wurde.

Ist ein Kaufvertrag zustande gekommen, so ist der Verkäufer verpflichtet dem Käufer Besitz und Eigentum an der Sache zu verschaffen, der Käufer ist verpflichtet, den vereinbarten Kaufpreis zu bezahlen. Der Kaufvertrag ist das so genannte **Verpflichtungsgeschäft.** Demgegenüber steht das **Erfüllungsgeschäft.** Bei diesem werden die Verpflichtungen aus dem Kaufvertrag durch Übergabe der Kaufsache sowie auf der anderen Seite durch Bezahlung des Kaufpreises erfüllt.

Parteien können **Allgemeine Geschäftsbedingungen** (AGB) verwenden. AGB liegen vor, wenn vorformulierte Vertragsklauseln verwendet werden, die für eine Vielzahl von Verträgen Anwendung finden sollen. Damit diese wirksam werden, muss der Vertragspartner ausdrücklich auf die AGB hinweisen und der anderen Vertragspartei die Möglichkeit gegeben haben, in zumutbarer Weise den Inhalt zur Kenntnis zu nehmen. Ein einfacher Aushang ist nur in Ausnahmefällen (Parkhäuser, Waschanlagen, öffentliche Verkehrsmittel) zulässig.

Kommt ein Vertrag zwischen einem Verbraucher und einem Unternehmer über das Internet (**Fernabsatzgeschäft**) oder **außerhalb der Geschäftsräume** des Unternehmers zustande, so hat der Verbraucher regelmäßig ein **Widerrufsrecht** von 14 Tagen. Die Frist beginnt mit Vertragsschluss, nachdem der Unternehmer den Verbraucher mindestens in Textform von seinem Widerrufsrecht unterrichtet und der Verbraucher die Ware erhalten hat. Widerruft der Verbraucher den Vertrag, so wird dieser unwirksam und ist rückabzuwickeln.

Erfüllt eine Partei den Kaufvertrag nicht ordnungsgemäß, so liegt eine **Erfüllungsstörung** vor. Leistet eine der Parteien nicht, nicht vollständig oder zu spät, so gerät sie mit der Leistung in **Verzug**. Den Verzug gibt es also genannten **Schuldnerverzug** in Form des **Lieferverzugs** oder des **Zahlungsverzugs.** Der liegt vor, wenn der Schuldner die Lieferung nicht rechtzeitig erbringt oder der Leistungsempfänger nicht rechtzeitig bezahlt. Demgegenüber gibt es den Gläubigerverzug. Der Gläubiger ist verpflichtet, die ordnungsgemäß angebotene Leistung anzunehmen. Tut er dies nicht, so gerät er in den **Annahmeverzug.** Hierfür kommt es darauf an, was die Parteien vereinbart haben. Hier unterscheidet man **Holschulden** (Beim Verkäufer abzuholen), **Bringschulden** (der Verkäufer ist verpflichtet, die Ware an einen bestimmten Ort zu bringen) und **Schickschulden** (der Verkäufer ist verpflichtet, die Ware ordnungsgemäß zu verpacken und zu versenden). Bezüglich der Leistungszeit werden insbesondere das **Termingeschäft** und das **Fixgeschäft** unterschieden. Bei Termingeschäften haben die Parteien einen nach dem Kalender bestimmbaren Termin vereinbart (z.B. 32 KW, 14 Tage ab Rechnungsstellung). Wird dieser überschritten, ist noch eine **Mahnung** erforderlich, um zur Leistung innerhalb einer angemessenen **Frist** aufzufordern. Erfolgt eine Leistung auch nach der gesetzten Frist nicht, so besteht das Recht auf Rücktritt vom Vertrag, Schadensersatz und Aufwendungsersatz. Ist ein Fixgeschäft vereinbart (entweder durch den Zusatz „fix" oder aus den Umständen erkennbar, z.B. Hochzeitskleid zur Hochzeit) so ist keine Mahnung erforderlich. Es tritt automatisch mit Überschreitung des vereinbarten Zeitpunkts Verzug ein.

Wurde der Vertrag zunächst erfüllt und es stellt sich nachträglich heraus, dass ein Mangel vorliegt, so besteht ein Anspruch auf **Mängelhaftung.** Der Anspruch auf Mängelhaftung besteht grundsätzlich zwei Jahre ab Übergabe der Ware. Zwischen Kaufleuten oder bei Gebrauchtware kann der Zeitraum vertraglich verkürzt werden. In den ersten 6 Monaten ab Übergabe der Kaufsache wird unterstellt, dass der Mangel bereits bei Übergabe vorhanden war. Danach tritt eine **Beweislastumkehr** ein: Da hat der Käufer zu beweisen, dass der Mangel bereits bei Übergabe der Kaufsache vorhanden war. Im Falle einer Mängelhaftung besteht zunächst ein Anspruch auf **Nacherfüllung.** Der Käufer kann zwischen **Nachbesserung** (Reparatur) oder **Neulieferung** wählen. Die vom Käufer gewählte Art der Nacherfüllung kann der Verkäufer ablehnen, wenn sie unverhältnismäßig ist (z.B. Neulieferung eines PKW bei defektem Fensterheber). Hat der Verkäufer zweimal die Nacherfüllung versucht und der Mangel besteht weiterhin, so kann der Käufer vom Vertrag zurücktreten.

Von der Mängelhaftung abzugrenzen ist die **Garantie.** Sie ist ein eigenständiger Vertrag, der unabhängig und neben einer Mängelhaftung besteht. Während die Mängelhaftung gesetzlich vorgeschrieben ist, kann eine Garantie vereinbart werden. Der Umfang der Garantie ergibt sich allein aus dem Garantievertrag selbst. Die Garantie kann vom Verkäufer gegeben werden, ist heute jedoch insbesondere als Herstellergarantie und damit unabhängig von der Mängelhaftung des Verkäufers bekannt. Neben Mängelhaftung und Garantie gibt es noch die **Produkthaftung.** Diese greift dann, wenn ein vom Hersteller in Verkehr gebrachtes Produkt aufgrund eines Mangels Schäden an Personen oder anderen Gegenständen verursacht.

Die Ansprüche aus einem Kaufvertrag unterliegen der **Verjährung**. Dies bedeutet, dass auch ein berechtigter Anspruch nach einer gewissen Zeit nicht mehr geltend gemacht werden kann. Regelmäßig verjähren Ansprüche nach 3 Jahren (es gibt auch kürzere und längere Fristen). Die Verjährung beginnt bei Ansprüchen aus Kaufverträgen regelmäßig mit Ablauf des Jahres, in dem der Anspruch entstanden ist. Schließen die Parteien 2017 einen Kaufvertrag, so verjährt der Anspruch auf Zahlung des Kaufpreises also mit Ablauf des 31.12.2020. Danach könnte der Verkäufer seinen Zahlungsanspruch also nicht mehr einklagen, wenn sich der Käufer auf die Verjährung beruft. Der Verkäufer kann die Verjährung hemmen, indem er bis zum 31.12.2020 die Zahlungsklage bei Gericht einreicht. Nimmt der Verkäufer die Klage zurück, so läuft die Verjährung ab der Stelle, an der sie gehemmt wurde, weiter. Zahlt der Käufer allerdings Raten, so beginnt die Verjährung mit jeder Rate, die gezahlt wird, neu.

5. Vertriebssteuerung

5.1. Vertriebsstrategien

Grundlage sind die Unternehmensziele. Ein strategisches Unternehmensziel eines Discounters könnte z.B. die Marktführerschaft sein, eine operatives die Kostenminimierung. Daraus kann sich als strategisches Marketingziel die flächendeckende Versorgung mit niedrigpreisigen Foods und als taktisches Marketingziel die Sicherung der Standorte in Deutschland ableiten. Operative Marketingziele: z.B. Werbeziele mit wöchentlicher Aktionsware. Voraussetzung sind die Markt- und Kundenanalyse, Distributionsanalyse und Umfeldanalyse.
Ökonomische Kriterien der Marktanalyse sind Marktanteil, Umsatz, Gewinn, Finanzkraft.
Innerbetriebliche Kriterien sind Qualifikation der Mitarbeiter, Größe, Standort.
Sozioökonomische und psychografische Kriterien sind Anzahl und Struktur der Abnehmer.
Absatzwegespezifische Kriterien sind die Besonderheiten der zu vermarktenden Produkte, Umfang und Art des Verkaufsprogramms und Konkurrenzsituation.
Umfeldspezifische Kriterien sind die volkswirtschaftliche Situation, Bevölkerungsentwicklung, Ökologie, Technik, Politik, Recht, Kultur.
Planungsinstrumente wie die SWOT-Analyse und die Portfolioanalyse können herangezogen werden, um daraus Strategien abzuleiten. Je nach dem Ergebnis kann man bestimmte Vertriebsstrategien für den Markt entwickeln *(vgl. Kap. 3 Handelsmarketing)*. Den ausgewählten Strategien können bestimmte Betriebsformen des Einzelhandels zugeordnet werden. Die Nischenstrategie ist beispielsweise typisch für ein Spezialgeschäft.

Beim Key Account-Management sind die einzelnen Unternehmenssparten nach Kunden oder Kundengruppen gegliedert. Ziel: Mehr Kundennähe. So versuchen Lieferanten, besonders wichtige Schlüsselkunden besser zu betreuen. Eine übliche Einteilung der Kunden ist die in A-Kunden, B-Kunden und C-Kunden. (*Zur ABC-Analyse siehe Kapitel Handelsmarketing.*) Die A-Kunden, die einen hohen Umsatz erzielen, werden dann jeweils einem Key Account Manager zugeordnet.
Aber auch andere Kunden können interessant sein: Bei Entwicklungskunden vermutet der Lieferant, dass sie zukünftig einen höheren Umsatz machen werden. Deshalb werden sie aufgebaut. Bei Wachstumskunden ist das Wachstum tatsächlich vorhanden. Ein weiteres Entscheidungskriterium, Kunden nach Key Accounts einzuteilen, ist der Deckungsbeitrag. Kunden mit Marktbedeutung sind Kunden mit einem hohen Umsatz, die am Markt Einfluss ausüben. Ist ein Einzelhändler „Prestigeträger", so kann dies auf den Lieferanten positiv ausstrahlen (Irradiationseffekt). Manche Einzelhändler gelten in ihrer Branche als „Wortführer". Auch bei ihnen ist es sinnvoll, sie als Schlüsselkunden zu betrachten. Knowhow-Träger verfügen über spezifisches Wissen; die Zusammenarbeit mit ihnen kann ebenfalls für den Lieferanten nützlich sein. Steigbügelhalter ist ein Kunde, der eine Vorreiterrolle in der Einführung und Umsetzung einer bestimmten Technologie oder Dienstleistung einnimmt.

Die Zusammenarbeit mit ihm ist wichtig. Die Organisation eines „Komplexen Kunden" verlangt eine spezielle Betreuung. Angstkunden sind solche Kunden, die gern im Einkauf Lieferanten gegeneinander ausspielen. Entscheidungsmultiplikatoren, z.B. Einkaufsverbände, können ebenso nützlich sein.

Ziele des KAM: Intensivierung des Kundenkontakts – Kundenbindung – Individuelles Eingehen auf kundenspezifische Bedürfnisse – Bündelung der Unternehmensaktivitäten – Verbesserung der Wettbewerbsposition – Bessere Kontrolle der Verkaufsziele.

Der **Key Account Manager** selbst muss ein Multitalent sein. Er muss die eigene Organisation wie die des Schlüsselkunden gut kennen. Er Ist Verhandlungs- und Koordinationspartner für den Schlüsselkunden, pflegt die Kundenkontakte und entwickelt kundenspezifische Marketingkonzepte, er bearbeitet und koordiniert die Kundenwünsche, betreibt das Warengruppenmanagement, plant und promotet die Produkte und kontrolliert die Verkaufsziele.

Vertriebsstrategie-Konzepte

Franchising (*s. hierzu auch Kapitel 3*)

Eine Kooperationsform, bei der ein Franchisegeber einem rechtlich selbstständigen Franchisenehmer gegen Entgelt das Recht einräumt, Waren oder Dienstleistungen unter Verwendung seines Namens und Konzepts abzusetzen.

Multi-Channel-Strategie

Hier werden mehrere Absatzkanäle parallel genutzt. Auftritt der Marke in verschiedenen Kanälen. Innerhalb eines Vertriebskanals wird auf den jeweils anderen Kanal hingewiesen. Kunden müssen Absatzwege kombiniert nutzen können. Mögliche Effekte einer Multi-Channel-Strategie: Kannibalisierungseffekt (Der online-Umsatz geht zu Lasten des stationären Umsatzes), Mehrumsatz (Förderung des stationären Umsatzes durch Online-Auftritt), Image-Effekte, Erhöhung der Kundenzufriedenheit, Preisvergleichsmöglichkeit mit Mitbewerbern

Die Vertriebsstrategie soll auch die **Kundenzufriedenheit** fördern. Eine Möglichkeit hierfür: Die USP **U**nique **S**elling **P**roposition **(Alleinstellungsmerkmal)**

Im **Produktlebenszyklus** (PLZ) zeigt sich, dass das Alleinstellungsmerkmal nur in den ersten beiden Phasen auf ungesättigten Märkten sehr gut funktioniert. Eine weitere Möglichkeit ist die zielgruppenspezifische Ansprache. Wenn ein Handelsunternehmen je nach Zielgruppe unterschiedliche Vertriebswege anbietet, ist auch dies ein Ansatz strategischer Kundenbindung.

Customer Relationship Management (CRM)

Die zunehmende Verschärfung des Wettbewerbs hat das Kundenbeziehungsmanagement immer bedeutender werden lassen. Zur Kundenbeziehungspflege gehört:

Kundenbindungsziel festlegen: Was wollen wir erreichen? Ausrichten der Qualität an den Wünschen der Kunden. Kundenzufriedenheit und Kundenwert: Der zufriedene Kunde kommt wieder. Kundenwert ist der Grad der Kundenbindung. Ihn bringt die Gewinnhöhe zum Ausdruck. Ein Verfahren zur Messung ist der Deckungsbeitrag, den der Kunde in einem Zeitraum liefert.
Zufriedene Mitarbeiter sind die Grundvoraussetzung für eine erfolgreiche Kundenorientierung. Das Leitbild muss gelebt werden, die Führungskräfte müssen kundenorientiertes Verhalten fördern. Dem können kundenorientierte Vergütungssysteme dienen. CRM ist langfristig orientiert. Messgröße für die Leistung des Mitarbeiters ist die Kundenzufriedenheit. Bedingungen für die Einführung eines solchen Systems: Die Kundenzufriedenheitswerte müssen einzelnen organisatorischen Einheiten zugerechnet werden können; der Mitarbeiter muss Einfluss auf die Kundenzufriedenheit nehmen können; der Mitarbeiter muss die Anreize spüren; das System muss flexibel sein; es muss transparent sein; alle Beteiligten müssen mit dem System einverstanden sein.

Technik und Kundenorientierung
Bei kleinen Einzelhandelsbetrieben ist das persönliche Erinnerungsvermögen des Inhabers und seiner Mitarbeiter wichtig. So wird der Kunde persönlich mit Namen begrüßt. Große Unternehmen bedienen sich Schlüsseltechnologien wie Data-Warehousing und Data-Mining zur Auswertung von Informationen. Bei Data-Warehouse handelt sich um spezielle Datenbanken, mit denen aus Daten Kundeninformationen gefiltert werden. Data-Mining dient zur Kundenanalyse. Zielgruppen werden so identifiziert und können durch direkte Kommunikation angesprochen werden.

Organisationsstruktur und Kundenorientierung
Eine Organisation muss flexibel, transparent, wirtschaftlich und dauerhaft sein. Formalismen, Mehrfachunterstellungen und zu starke Spezialisierungen sind zu vermeiden. Hierarchische Systeme werden abgelöst durch teamorientierte und projektorientierte Organisationsformen.

Um zu ermitteln, welche Zielgruppe in den Bereich des Kundenbindungsmanagements fällt, kann auch auf die Portfolioanalyse (vgl. Handelsmarketing) zurückgegriffen werden. Als Messgröße dienen der Kundenwert und das Ertragspotenzial. Entsprechend der Produktumsätze kann man verschiedene Arten von Kunden unterscheiden.

- **Fragezeichenkunden:** Hohes Ertragspotenzial mit einem noch niedrigen Kundenwert
- **Starkunden:** Hohes Ertragspotenzial und ein hoher Kundenwert
- **Selektionskunden:** Niedriges Ertragspotenzial und niedriger Kundenwert
- **Ertragskunden:** Hoher Kundenwert, aber niedriges Ertragspotenzial.

Beurteilungskriterien für die einzelnen Portfolioquadranten sind das verfügbare Einkommen, die Dauer der Kundenbeziehung, der bisherige Umsatz und die Möglichkeit zukünftiger Zusammenarbeit.

Kundenbindung kann auf sehr unterschiedliche Weise erreicht werden: Emotionale Kundenbindung – Ökonomische Kundenbindung (z.B. durch Bonuspunkte) – Vertragliche Kundenbindung – Technisch-funktionale Kundenbindung (Nach einem Kauf fallen Käufe von ergänzenden Gütern an). Typische Kundenbindungsinstrumente: Kundenkarten, K.-Zeitschriften, Bonusprogramme, K.-Foren.

Phasen der Managementprozesse: Zielbildung, Problemerkenntnis, Analyse, Planung, Entscheidung, Durchführung, Steuerung und Kontrolle.

Sortimentsstrategien unter dem Aspekt der Hersteller- und Händlerinteressen
Warengruppenmanagement (Category Management) bedeutet, das Sortiment nach Warengruppen zu strukturieren. In Zusammenarbeit zwischen Herstellern und Händlern werden Warengruppen als strategische Geschäftsfeldeinheiten gesehen. Die Warengruppen werden aus der Sicht des Kunden gebildet.
Aus Herstellersicht sind folgende Aspekte zu berücksichtigen:
Gestaltung des Umfelds für das eigene Produkt soll möglichst günstig sein, die Regalfläche möglichst groß – Hoher Aufmerksamkeitsgrad für das Produkt – Hoher Stellenwert des Produkts beim Handel – Gute Beurteilung des Verbrauchers.

Sortimentsstrategien unter dem Aspekt der Kundenbindung
Sortimente an den Bedürfnissen des Kunden auszurichten ist zwingend notwendig. Dabei werden Sortimentserweiterung, Sortimentsveränderung, Sortimentsstraffung und Sortimentsinnovation eingesetzt. Grundlage jeder Sortimentsstrategie ist die Erforschung der Zielgruppen. Danach kann man die Sortimentsstrategien ausrichten. In einem **Kundenportfolio** lassen sich verschiedene Lifestyle-Typen bilden, denen man bestimmte Sortimente bieten kann. **Psychische Determinanten** wie Emotionen oder Bedürfnisse, und **soziale Determinanten** (soziale Schicht, Gruppe, Familie) wirken je nach Kaufobjekt zusammen.
In den letzten Jahren hat sich eine Klassifizierung nach sogenannten **Lifestyletypen** herausgebildet. Sie lassen sich so einteilen:

Vier Gruppen mit größeren persönlichen Ressourcen:
- Verwirklicher (Actualizers): erfolgreich, gebildet, aktiv, „Pack-es-an-Leute",
- Erfüllte (Fulfills): reif, zufriedengestellt, sorgenfrei, reflektiv.
  Favorisieren Dauerhaftigkeit,
- Erreicher (Achiever): erfolgreich, karriere- und arbeitsorientiert,
- Erleber (Experiencers): jung, lebendig, impulsiv.

Vier Gruppen mit wenigen persönlichen Ressourcen:

- Gefestigte (Believers): konservativ, konventionell,
- Aufstreber (Strivers): unbestimmt, ihrer selbst nicht sicher,
- Selbermacher (Makers): praktisch, selbstversorgend,
- Überlebensbemühte (Struggler): ältlich, resigniert, passiv, besorgt, in ihren Mitteln eingeschränkt.

Aus der Zusammensetzung eines Kaufs kann das Unternehmen Rückschlüsse ziehen, wie sich das Sortiment zusammensetzen soll. Die Verhaltensforschung entwickelte das sogenannte **SOR-Modell**. Mit diesem Modell können Motivations- und Entscheidungsprozesse erklärt werden. **S** steht für Stimulus oder Reizauslöser zu einem bestimmten Handeln. Dies kann z.B. ein Werbeprospekt oder ein Sonderaufsteller sein. **O** steht für Organismus: Das bedeutet, dass der Reiz eine Aktivierung in der Psyche des Konsumenten auslöst, z. B. Emotionen wie Freude oder Ärger. **R** steht für Response oder Reaktion: Die wichtigste ist der Kauf.

5.2. Flächenoptimierung

Man unterscheidet Warenfläche (Fläche zur Präsentation der Waren auf Warenträgern), Kundenfläche (Fläche für den Kundenlauf) und übriger Verkaufsfläche (z.B. Kassenzone, Kabinen). Die Regale können nach zwei Prinzipen angeordnet werden:
Zwangslauf : Die Regalanordnung schreibt dem Kunden den Weg vor.
Individuallauf Der Kunde kann selbst über den Weg entscheiden.

Die **Warenplatzierung** wird durch diese Faktoren beeinflusst:

- **Rechtliche Bestimmungen**: z.B. bauliche Nutzungsbestimmungen, Fluchtwege
- Ökonomische Kriterien: Aufteilung und Anordnung der Räume
- **Lieferanten**: Verpflichtungen, die Waren in einer bestimmten Form zu präsentieren.
- **Konkurrenten**: sich abheben von der Konkurrenz oder anpassen an die Konkurrenz
- **Kunden**: Berücksichtigung verschiedener Kaufverhaltenstypen (*s. Lifestyletypen*)
- **Produkte**: z. B. physikalische Eigenschaften von Produkten wie die Temperatur
- **Personal**: Überschaubarkeit und Verständlichkeit des Verkaufsangebots für Kunden

Eine Optimierung der Fläche soll Suchzeiten verringern, die Orientierung verbessern, Impulskäufe und Verbundkäufe initiieren, Unsicherheit reduzieren und Erlebnisse vermitteln. **Kundenlaufstudien** erfassen Verhaltensweisen von Personen im Laden. Es gibt dazu einige Erfahrungsregeln:

- Kunden bevorzugen die Außengänge eines Geschäftes und halten sich eher rechts auf.
- Sie laufen in der Regel entgegen dem Uhrzeigersinn, die Ladenmitte wird oft gemieden.

- Der Gang ist zunächst schnell, dann langsam und zum Schluss wieder schnell.
- Kehrtwendungen und Ladenecken werden gemieden.
- Kunden blicken eher nach rechts und greifen auch eher nach rechts.
- Etagen werden seltener aufgesucht.
- Die Regalhöhe beeinflusst das Kaufverhalten: Ein Artikel in Augenhöhe wird hundertmal verkauft, ein Artikel in Brusthöhe nur siebzig Mal, in Fußhöhe lediglich dreißig Mal.

So stehen Artikel des täglichen Bedarfs in der Regel in Fußhöhe. Bei **Verbundplatzierungen** werden Artikel mit komplementären Artikeln zusammen platziert. Eine **Mehrfachplatzierung** kann manchmal sinnvoll sein (z.B. Sonderangebotsaktion).

In einer Bonanalyse werden Kassenbons der Kunden ausgewertet: Wie hoch sind die durchschnittlichen Ausgaben pro Kauf? Welche Artikel werden im Verbund gekauft?

Die Einkaufsatmosphäre soll den Kunden animieren, im Geschäft zu verweilen. Dabei sollen möglichst alle Sinne angesprochen werden. Wesentliche Elemente zur Gestaltung der Einkaufsatmosphäre sind die Warenträger, Farben in Abstimmung mit der Ware, Beleuchtung, Hintergrundmusik, Düfte, Verweilzonen wie Sitzecken. Verkaufsstarke Zonen sind die Hauptwege im Geschäft, Verkaufsflächen, die rechts vom Kundenstrom liegen, Gangkreuzungen, Kassenzonen und Zonen an der Treppe oder am Aufzug. Verkaufsschwache Zonen sind Mittelgänge, Verkaufsflächen, die links vom Kundenstrom liegen, Eintrittszonen, da sie schnell passiert werden, Sackgassen, Räume hinter Kassen, höhere und tiefer gelegene Etagen.

Artikel, die gefördert werden sollen, werden in die Sichtzone gelegt. Suchartikel sind in die Bückzone zu verbannen. Billige Artikel mit niedriger Qualität sind unten zu platzieren. Teure und hochwertige Artikel sind im oberen Teil zu platzieren. An den Kassenzonen empfehlen sich wenige angeordnete Artikel, die zu Impulskäufen bewegen. Kleine Handelsunternehmen können bei der Ladengestaltung Hilfe bei Ladenbauern oder ihrer Verbundgruppe erhalten. Auch hersteller-, franchise- oder großhandelsspezifische Programme können übernommen werden.

5.3. Kundenbedürfnisse und Kundenverhalten

Mit einem aktiven Beschwerdemanagement lassen sich Kunden langfristig binden. Jede Kritik ist eine Chance. Unprofessionelles Beschwerdemanagement dagegen verbreitet sich über Onlineplattformen in Windeseile.

Category Management ist ein gemeinsamer Prozess zwischen Handel und Hersteller, um durch die Erhöhung des Kundennutzens bessere Ergebnisse zu erzielen. CM ist das „Herzstück" **des Efficient Consumer Response (deutsch: effiziente Konsumentenresonanz).** ECR betrachtet eine ganzheitliche Wertschöpfungskette, vom Hersteller über den Handel bis zum Endverbraucher, mit dem Ziel, die Wünsche und den Bedarf des Endverbrauchers zu ermitteln und bestmöglich zu befriedigen. Die vier Säulen des Category Management:

Beim **Efficient Assortment** geht es um die Gestaltung eines optimalen Sortiments. Voraussetzung sind funktionsübergreifende Organisation, Logistik und Marketing.
Efficient Replenishment (effiziente Warenversorgung) bedeutet die Optimierung des Bestellwesens. Es gibt eine gemeinsame Bedarfsplanung von Hersteller und Handel mit automatischer Disposition, synchronisierter Produktion und just-in-time-Lieferung.
Voraussetzungen sind die Codierung der Artikel und ein geschlossenes Warenwirtschaftssystem.

Efficient Product Introduction bedeutet die Optimierung von Produktneueinführungen.
Efficient Promotion bedeutet die Entwicklung umfassender Verkaufsförderungsaktionen und eine schnelle Reaktion auf das veränderte Konsumentenverhalten. **Efficient Assortiment, Promotion** und **Product Introduction** sind marketingorientierte Bestandteile des Category Management. Beim Efficient Replenishment jedoch steht das **Supply Chain Management** (Wertschöpfungskette) als logistischer Bestandteil im Mittelpunkt. SCM bezeichnet ein unternehmensübergreifendes virtuelles Netzwerk, das auf die Integration aller Unternehmensaktivitäten, vom Rohstoff bis zum Verkauf an den Endkunden in einem nahtlosen Prozess abzielt. Merkmale der SCM-Systeme sind die Optimierung der innerbetrieblichen Logistikketten auf externe Partner, die Flexibilisierung der Leistungserstellung und die Erhöhung der Transparenz der Wertschöpfungsstufen. **Zielsetzung:** Kundenzufriedenheit und Kundenbindung durch bedarfsorientierte Lieferung, schnellere Anpassung an Märkte, niedrige Lagerbestände, kurze Lieferzeiten, Kostenvorteile.

Category Management soll die Kundenzufriedenheit erhöhen, Umsatzzuwächse bringen, Zweit- und Drittmarken reduzieren, standortspezifische Sortimente entwickeln helfen, Marktanteile der eigenen Marken steigern und die Vertriebslinie profilieren.
Zunächst muss die Warengruppe analysiert werden. Wichtig ist zu wissen, welches Sortiment mit welchem Preisniveau, welcher Werbung und Platzierung in den Handelsgeschäften welchen Umsatzanteil ausmacht. Dies wird mit verschiedenen Warengruppen verglichen.

Der Prozess des Category Managements im Unternehmen
Um erfolgreiche Kategorien zusammenzusetzen, greift man auf Daten von Kunden zurück. Man unterscheidet die soziodemografischen Daten und die Kaufverhaltensdaten. So ist zu analysieren, welche Kunden, wie oft zu welchem Preis ein bestimmtes Produkt/eine bestimmte Kategorie im eigenen Handelsgeschäft oder beim Wettbewerb kaufen. Dazu lassen sich Konsumentenpanels heranziehen. Diese sind allerdings in der Regel nicht auf eine Einkaufsstätte bezogen. Zum anderen verfügt der Handel selbst über wichtige Scannerdaten. Diese Daten bilden die Grundlage für die Ermittlung der Kundenbedürfnisse. Händlereigene Warenwirtschaftssysteme und auch Marktforschungsinstitute werten diese aus. Nicht im **Handelspanel** erfasst werden Discounter und Fachgeschäfte sowie Wochenmärkte und Versandhändler. Bei **Konsumentenpanels** werden die Einkaufsstätten miterfasst. Kundenkartenprogramme im Handel liefern ebenfalls personalisierte Kundendaten Bei der

Analyse der Kundenbedürfnisse wird stillschweigend davon ausgegangen, dass die Bedürfnisse des Kunden sich in den tatsächlichen Käufen widerspiegeln. Dies ist natürlich nicht ganz richtig. Der Kunde kann nur das kaufen, was er auch im Handel findet.

Voraussetzungen zur erfolgreichen Umsetzung strategischer Geschäftsfeldeinheiten:

- Eine Category muss aus klar zugeordneten Produkten und Zielgruppen bestehen.
- Sie muss sich hinsichtlich der Kundenbedürfnisse von anderen Categorys unterscheiden.
- Für jede Category müssen eigenständige Maßnahmen geplant werden (bedarfsorientierte Warengruppenzusammenfassung, z. B. Gartenbedarf, oder erlebnisorientierte Zusammenfassung, z. B. Grillabend, oder zielgruppenorientiert: „alles für Familien»).
- Eine Category muss einen eigenständigen Beitrag zum Unternehmenserfolg erbringen. Dieser ist häufig nicht eindeutig zurechenbar.

Strategien und Maßnahmen für ein Category Management:

- **Sortimentsgestaltung:** Vollständige, breite oder begrenzte Auswahl des Sortiments.
- **Preisgestaltung:** z.B. temporäre Preisreduktionen oder Preisführerschaft.
- **Produktentwicklung**: Handelsmarkenprogramm oder Unterstützung des Markenartiklers.
- **Verkaufsförderung**: Hohes, durchschnittliches, oder niedriges Aktivitätenniveau.
- **Warenpräsentation:** Optimal, durchschnittlich gut positioniert oder mit kleiner Fläche.

Category Management in der Kooperation

Der Erfolg der Zusammenarbeit ist abhängig von der Erfahrung der Partner und der Bereitschaft, in die Kooperation zu investieren. Kooperation senkt die Kosten und stärkt die Wettbewerbsfähigkeit.

Zur Ergebniskontrolle eignen sich Kennzahlen: Käuferreichweite einer Category, Wiederkaufrate, Einkaufshäufigkeit, Durchschnittsausgaben pro Haushalt, Bedarfsdeckungsrate, Marktanteil, Marktvolumen, Stammkäuferanteil, daneben auch Umsatz, Handelsspanne, Umschlagshäufigkeit, Rentabilität und Deckungsbeitrag.

CM führt häufig zur Umsatz- und Gewinnsteigerung und zu einer erhöhten Kundenzufriedenheit. Die Warenversorgung wird effizienter, Informationswege werden optimiert, Reaktionen schneller. Die durchschnittliche Lagerdauer verringert sich nach Einführung des ECR.

Schwächen: Projekte scheitern mitunter wegen ungenügender Kommunikation und mangelnden Vertrauens. Transparenz ist oft nicht gewünscht, die Anlaufkosten sind hoch.

5.4. Preis- und Konditionenpolitik im Handel

Der Konsument nimmt ein Geschäft mit einem Preisimage wahr. Denn er ist in der Regel nicht in der Lage, einzelne Preise zu erfassen. Deshalb hat sich der Handel in der Grundausrichtung seiner Preislagen strategisch zu entscheiden. Discounter bieten z.B. langfristig niedrige Preise an.
Bei der **kostenorientierten Preisfestsetzung** werden die Selbstkosten eines Produkts als Grundlage genommen. Die **nachfrageorientierte Preisbildung** bezieht das Konsumentenverhalten in die Preiskalkulation ein. Die **konkurrenzorientierte Preiskalkulation** bezieht die Maßnahmen der Konkurrenz in die Kalkulation ein. **Herstellerorientierte Preisfestsetzung** bedeutet, dass der Händler seine Preise in der Höhe der „unverbindlichen Preisempfehlung" des Herstellers festlegt. In der Praxis orientiert man sich oft an allen vier Kalkulationsmethoden.

5.5. Preispolitische Strategien

In der Praxis unterscheidet man eine Reihe verschiedener praxisorientierter Preisstrategien. Einen Überblick gibt die folgende Abbildung.

Premiumpreisstrategie (Hochpreisstrategie)	hochpreisige Markenartikel
Niedrigpreisstrategie	Handelsmarken
Penetrations-(Türöffnungs-)strategie	Aktionsware oder auch zur Produkteinführung
Skimming-(Abschöpfungs-)strategie	Im Trend liegende Artikel (z.B. Smartphones)
Preisdifferenzierungsstrategie	Personell, zeitlich, räumlich, mengenmäßig, verwendungs-, gestaltungsbezogen
Psychologische Preisgestaltung	0,99 Euro, Drei Pizzen für 4,79 statt Einzelpreis 1,59 Euro
Kompensationsstrategie / Mischkalkulation	z.B. über gewinn- und verlustbringende Artikel, über komplementäre Artikel

Preisdifferenzierung bedeutet, dass ein Produkt zu unterschiedlichen Preisen angeboten wird. Man kann differenzieren nach Zeit (z.B. Einführungsrabatte), Raum, Person, Verwendungszweck und Menge. Preisdifferenzierung und die psychologische Preisgestaltung sind Preisstrategien, die kurz- bis mittelfristig umgesetzt werden können. (s. hierzu auch Kapitel 3 Handelsmarketing)
Konditionenpolitik: Instrumente sind die Rabattpolitik, Lieferpolitik, Zahlungsbedingungen und Kreditpolitik. Man unterscheidet in der Rabattpolitik z.B. Funktionsrabatte, Mengenrabatte, **Lieferpolitik**(Lieferbereitschaft, Lieferzeit)
Zahlungsbedingungen (Art und Weise der Zahlung).

Kreditpolitik, z.B. Ratenkäufe
Kontrolle des Preis- und Konditionensystems: Der Handel muss die Erreichung der Ziele überprüfen. Ist ein Ziel nicht erreicht, muss nach den Ursachen geforscht und gegebenenfalls eine Anpassung vorgenommen werden.

Über die gesetzlichen Rechte hinaus kann der Handel weitere Leistungen anbieten: Unter Kulanz oder Garantie versteht man die freiwillige Übernahme eines Mängelschadens.

6. Handelslogistik

6.1. Planen, Steuern, Kontrollieren und Optimieren der Logistikkette

Innerhalb der Logistik werden alle innerbetrieblichen und außerbetrieblichen **Material-, Waren-, Geld- und Informationsströme** abgebildet (**Logistikkette** oder **Supply Chain**). Die Logistikkette erstreckt sich vom Lieferanten auf der Beschaffungsseite bis zum Kunden auf der Vertriebsseite. Die Optimierung der Logistikkette ist eine zentrale Zielsetzung und kann nachfrageorientiert oder versorgungsorientiert geschehen.

Beschaffungslogistik: Im Einkauf liegt der Gewinn. Diesen Grundsatz verfolgen in Handelsunternehmen nicht nur die Einkäufer, sondern auch die Logistiker. Bereits bei der Lieferantenauswahl sollte der Einkauf die Logistik in die Verhandlungen einbeziehen.
Der Handel kann den **direkten Beschaffungsweg** nutzen, indem direkt beim Hersteller die Ware gekauft wird. Große Handelsunternehmen bauen Beziehungen zur Industrie auf und pflegen diese langfristigen Geschäftsbeziehungen dauerhaft. Kleine Handelsunternehmen können oftmals nur den **indirekten Beschaffungsweg** nutzen, da es Ihnen verwehrt sein kann, direkt beim Hersteller zu ordern, falls Mindestbestellmengen nicht erreicht werden. Eine gute Möglichkeit für mittelständische und kleine Einzelhandelsbetriebe ist es, beim Großhandel einzukaufen. Da der Großhandel ein Lager vorhält und das Lagerrisiko übernimmt, ist die Lieferzeit für den Einzelhandel meist sehr gering. Bei kleinen Mengen ist in vielen Fällen die Bestellung beim **Großhandel** die einzige Möglichkeit für den Einzelhandel, Ware zu beschaffen. In **Verbundgruppen, Einkaufsverbänden** oder -kontoren organisieren sich heutzutage mittelständische Unternehmen und Kleinbetriebe aus vielen Branchen: Sie binden sich mit einem großen Teil ihres Einkaufs an die Verbundgruppe und beziehen ihre Ware hierüber.
Das hat viele Vorteile: Nur so ist es ihnen möglich, Einstandspreise wie die großen Filialisten zu erzielen und Handelsmarken einzuführen. Außerdem kann die Verbundgruppe die Rechnungsregulierung und gegen eine **Delkrederegebühr** die Haftung für die Einkäufe ihrer Mitglieder übernehmen. Auch die Großunternehmen kooperieren, um Einkaufsmengen zu bündeln. Das geschieht immer dann, wenn das Bestellvolumen für den einzelnen Großbetrieb bereits so groß ist, dass damit allein keine weiteren Bezugs- und Beschaffungskosten gesenkt werden können. Direkte Beschaffungswege sind das Direkt-, Strecken- und Vermittlungsgeschäft. Da beim **Direktgeschäft** der Warenfluss auf direktem Wege zwischen Lieferant und Abnehmer erfolgt, ist dieser Beschaffungsweg meist der schnellste und auch kostengünstigste, und die Bezahlung erfolgt ebenfalls direkt an den Lieferanten. Der direkte Warenfluss zwischen Lieferant und Handel bewirkt eine schnelle Lieferung, höhere Kosten entstehen durch die Zwischenstufe Großhandel. Das **Vermittlungsgeschäft** nutzt der Handel meist nur dann, wenn es sich um große Einkaufsprojekte von A-Artikeln handelt. Der Vermittler stellt eine Geschäftsbeziehung zwischen Lieferant und Handelsunternehmen her.

Lagerlogistik
Ein klassisches Vorratslager soll es den Handelsunternehmen ermöglichen, Produkte, die an einem anderen Ort produziert worden sind, zwischenzulagern und später an den Nachfrageort zu liefern. Wenn sich die Zeitpunkte von Produktion und Nachfrage unterscheiden, muss die Lagerhaltung diesen Zeitraum überbrücken. Man spricht von der **zeitlichen Ausgleichsfunktion.** Während die **quantitative Ausgleichsfunktion** bedeutet, dass durch die Produktion größerer Stückzahlen die Kapazitäten optimal ausgelastet bzw. die fixen Kosten auf größere Stückzahlen umgelegt werden, bietet der Hersteller bei der **qualitativen Ausgleichsfunktion** Produkte an, aus denen der Handel verschiedene Sortimente anhand der Kundenbedürfnisse zusammenstellt.

Die Lagerung der Ware ist unumgänglich, im Einzelhandel noch stärker als im Großhandel. Zum Verkaufslager gehören die Verkaufsräume, in denen die Waren des Abholgroßhandels und des Einzelhandels dem Kunden angeboten werden und zugänglich sind. Es dient neben der Lagerung als wichtiges Absatzinstrument. Die **Vorrats-/Reservelager** dienen der Sicherung der Lieferfähigkeit und Verkaufsbereitschaft. Im **Manipulationslager** werden die Waren für den Verkauf vorbereitet wie z.B. durch Veränderung oder Verbesserung der Ware sowie Herstellung der Verkaufsfähigkeit. Im **Außenlager** (offenes Lager) werden nur witterungsunabhängige Waren im Freien gelagert. Beim **Innenlager** wird die Ware in Gebäuden oder Hallen gelagert. Diese geschlossenen Lager bieten optimale Sicherheit und gute Kontrollmöglichkeiten, während **Speziallager** eingerichtet werden, wenn die Ware einen besonderen Schutz benötigt, oder um warenspezifische Anforderungen zu erfüllen oder gesetzliche Vorschriften einzuhalten.

Das **Eigenlager** führt das Handelsunternehmen selbst und verwaltet dieses auch, während bei einem **Fremdlager** die Lagerhaltung auf ein Dienstleistungsunternehmen wie z.B. Speditionen oder Logistiker übertragen wird. Das geschieht in den meisten Fällen aus Kostengründen oder wenn die Lagerhaltung eine besondere Ausstattung erfordert. Handelsunternehmen nutzen die Fremdlager auch, um zeitlich begrenzt größere Warenpartien unterzubringen.
Eine Besonderheit des Fremdlagers stellt das **Konsignationslager** dar: Der Lieferant stellt in den Räumlichkeiten des Kunden Ware zur Verfügung. Die dort gelagerte Ware ist Eigentum des Lieferanten und kann nach Bedarf vom Kunden entnommen werden. Die Abrechnung erfolgt je nach Vereinbarung z.B. monatlich oder quartalsmäßig.

In einem **Zentrallager** werden die gesamten Waren eines Handelsbetriebes zusammengefasst und an einem Ort gelagert. Wenn ein Handelsunternehmen **Regionallager** unterhält oder die Ware direkt in den Niederlassungen oder Filialen lagert, wird die Ware **dezentral** gelagert.

Inhouse-Logistik (*siehe auch 4.6. Lagerprozesse*)
Zur **Einlagerung** gehören Warenannahme, Identifizierung bzw. Zuordnung der Ware z.B. nach A-, B- oder C-Artikel, um einen Lagerplatz bestimmen zu können, sowie die Zuweisung eines Lagerplatzes. In mittelständischen und großen Handelsunternehmen findet die Zuweisung durch das Warenwirtschaftssystem statt.

Eine **artgemäße Lagerung** in Bezug auf die besonderen Erfordernisse der einzulagernden Waren, insbesondere im Hinblick auf z.B. Wärme, Kälte, Feuchtigkeit, Trockenheit, Licht, Ungeziefer, ist bei der Einrichtung genauso zu berücksichtigen, wie das Einhalten gesetzlicher Vorschriften. Auch muss die Einhaltung der **Brandschutz- und Unfallverhütungsvorschriften** gewährleistet sein. Daraus folgt die Auswahl geeigneter **Regale**, sinnvoller Verlade- und **Beförderungsmittel**, aber auch Packmittel und **Zähl-, Messe- und Wiegegeräte**.

Jede Lieferung wird zunächst **vor Annahme** geprüft: Empfängeranschrift, Absender, Art und Zahl der angelieferten Einheiten und der Zustand der Versandverpackung oder der unverpackten Ware. Bei einer unbeanstandeten Prüfung wird die ordnungsgemäße Übergabe bestätigt, bei Falschlieferungen die Ware zurückgegeben, unvollständige Lieferungen oder Beschädigungen der Verpackung bzw. der unverpackten Ware werden auf den Transportpapieren vermerkt. Zu beachten ist, dass der Kaufmann die Ware unverzüglich nach **Wareneingang auf Mängel** prüfen muss (HGB § 377).

Wie beim Wareneingang findet eine sorgfältige **Warenausgangskontrolle** statt. Die Artikel werden nach Art, Menge und Beschaffenheit geprüft, Artikelnummer und Menge mit den Angaben auf den Warenbegleitpapieren verglichen. Bei Auslieferung an ein Transportunternehmen oder an den Kunden direkt lässt sich der Mitarbeiter den Erhalt bestätigen, die bestätigte Kopie wird an den Verkauf weitergeleitet.

Informationslogistik
Die Informationslogistik eines Handelsunternehmens begleitet den gesamten **Warenfluss**. Die Informationslogistik ist dafür verantwortlich, dass die richtigen Informationen zur richtigen Zeit, am richtigen Ort, im richtigen Format bzw. der richtigen Qualität und dem richtigen Empfänger bereitgestellt werden. Der elektronische Datenaustausch an den Schnittstellen, an denen Informationen zwischen den einzelnen Prozessen weitergegeben werden sollen, erfolgt nach einem System, welches **EDI** (Electronic Data Interchange) genannt wird. EDI nutzt als Infrastruktur die Rechner, Server und die Telekommunikationsnetze der beteiligten Handelspartner. Der Nachrichtenaustausch wird eingeteilt in den Austausch von Dokumenten, Produkt- und Handelsdaten. Je nachdem, an welcher Stelle in der logistischen Kette man sich befindet, kann es zu branchenspezifischen Lösungen kommen. Als Basis dient ein europäischer Standard, genannt **Edifact**.

Der **EAN- / GTIN-Code**, umgangssprachlich auch Barcode genannt, entsteht bei dieser Technologie, indem eine Zahl in einen Strichcode umgewandelt wird, womit sehr viele Informationen sehr einfach gespeichert werden können. Artikel werden sehr schnell identifiziert, was den Kassiervorgang im Einzelhandel beschleunigt oder eine sehr einfache Erfassung innerhalb der Inventur ermöglicht. Der **QR-Code (Quick Response)** ist zweidimensional. Für Endkunden ist dieser Code viel interessanter, weil hierbei mit einem Smartphone zukünftig nicht nur der Kassiervorgang leichter wird, sondern gleichzeitig auch Informationen über das Produkt oder den Hersteller geliefert werden können. Die **Nummer der Versandeinheit (NVE)** sichert einen lückenlosen Versandweg, bietet schnelle Informationen über den Verbleib der Ware und kann den Endkunden Informationen über den möglichen Liefertermin geben. Ein **RFID-Chip (Radio Frequency Identification)** sendet aktiv Daten und Informationen, die in der näheren Umgebung ausgelesen werden können. Sie haben entlang der logistischen Kette eine besondere Bedeutung, wenn die beteiligten Partner die Informationen des Chips durch zusätzliche Speicherung erweitern. Dieser Technologie gehört die Zukunft, heute sind die Investitionen in die technische Ausstattung noch sehr hoch.

6.2. Aushandeln von Vertragskonditionen und Vergabe von Aufträgen

In vielen Handelsunternehmen legt die Geschäftsführung die Verhandlungsstrategie fest. Hierbei handelt es sich um Vorgaben, wie Angebote eingeholt werden. Liegen mehrere Angebote vor, kann der Entscheider das günstigste Angebot wählen. Oder aber er nutzt eine Strategie, bei der ein Anbieter versuchen kann, sein ursprüngliches Angebot nochmal zu reduzieren, um damit alle Wettbewerber zu unterbieten. Dies nennt man **Last Call**. Des Weiteren gibt es die Möglichkeit von **Ausschreibungen**. Eine Vorauswahl von möglichen Vertragspartnern wird getroffen. Bei vergleichbarer Ausschreibung müssen sich die Vertreter des Handelsunternehmens darauf einigen, welche Eigenschaften eines Produkts oder einer Dienstleistung als Basis angesehen werden, und welche Optionen zusätzlich möglich sind.

Auftragsvergabe: Vertragsinhalte werden natürlich weitgehend individuell gestaltet. Einige grundlegende Regelungen aber, genannt **Incoterms**, legen fest, welche Rechte und Pflichten Käufer und Verkäufer haben. In Zeiten der **Globalisierung** ist es wichtig, dass sich Unternehmen an allgemeingültige Vertragsbestandteile bei der Auftragsvergabe halten, ohne alle Details immer neu zu verhandeln, was erhöhten Zeitaufwand und einen Kostenanstieg zur Folge hat.
Geregelt werden **die Pflichten des Verkäufers und des Käufers** bei der Lieferung bezüglich Kosten- und Gefahrenübergang der Ware, Prüfpflichten, Verpackung, Lizenzen, Genehmigungen, Sicherheitsfreigaben und Abschluss von Beförderungs- und Versicherungsverträgen. Incoterms sind keine Gesetze, aber Bestandteil des **Kaufvertrags** (*siehe Kapitel 8.6.*).

Viele Unternehmen haben sich grundlegenden Verhaltensregeln verschrieben. Die Einhaltung dieser Regeln, von Gesetzen und Richtlinien, nennt man **Compliance**. Bei Verstößen werden Bußgelder verhängt. Zu den Regeln einer Gesprächsführung gehört es, eine angenehme Atmosphäre zu schaffen. Die eigenen Argumente müssen untermauert sein. Über die Ziele des Verhandlungspartners sollte man sich zuvor informieren, auf seine Argumente vorbereiten.

6.3. Umsetzen der Transportsteuerung und von logistischen Lösungen

Hauptaufgabe der Transportlogistik ist es, geeignete **Transportmittel und -wege** auszuwählen, aber auch die Beladung zu optimieren, um die Ware möglichst kostengünstig zu transportieren. Die Entscheidung zwischen Eigen- und Fremdtransport ist dabei von Kriterien wie Kostenstruktur und -höhe, Flexibilität, Qualität und verfügbaren Kapazitäten abhängig.
Der **Werkverkehr** ist erlaubnisfrei und es bestehen Versicherungserleichterungen gegenüber dem Güterkraftverkehr. Daher hat der Gesetzgeber hierzu Kriterien definiert:

- Die beförderte Ware muss Eigentum des Unternehmens oder von ihm gekauft worden sein.
- Die Beförderung muss eine Anlieferung der Ware zum Unternehmen oder ein Versand vom Unternehmen sein.
- Das verwendete Kraftfahrzeug muss von eigenem Personal geführt werden.

Beim **Eigentransport** kann der Transport zu den Kunden in Touren erfolgen. Im Eigentransport kann, im **Fremdtransport** wird heute immer die **Tourenplanung** durch ein computergestütztes Warenwirtschaftssystem vorbereitet. Die Transportkosten werden hierdurch gesenkt und die Lieferzeiten verkürzt.
Beim Fremdtransport setzt das Handelsunternehmen oft einen **Spediteur** ein. Dies ist ein Dienstleistungsunternehmen, das die Beförderung organisiert. Klassische Spediteure, HGB-Spediteure oder „Schreibtisch"-Spediteure beauftragen dann **Frachtführer**, die den eigentlichen Transport durch Lkw, Eisenbahn, Binnenschiff, Seeschiff oder Flugzeug übernehmen.

6.4. Transportsteuerung und ganzheitliche logistische Lösungen

Efficient Consumer Response bewirkt die Wandlung von der klassischen **Push- zur Pull-Versorgung**, deren Auslöser der Konsument mit seinen Bedürfnissen und Wünschen ist. Ziel ist die Optimierung der Supply Side (Versorgungsseite) im Rahmen des **Supply Chain Management**. Angestrebt wird auch die Optimierung der **Demand Side** (Nachfrageseite) im Rahmen des Category Management. Zu den Strategien gehören Efficient Product Introduction, Efficient Assortment und Efficient Promotion. Unter Supply Chain Management (SCM) wird die Erarbeitung eines kostenoptimierten Logistikkonzepts

unter Betrachtung der gesamten Wertschöpfungskette verstanden *(s. hierzu auch Kap. 4.3 und 4.4).*
Besonders problematisch für ein Handelsunternehmen sind die Lagerung und der Transport von so genannten Gefahrenstoffen. Der Umgang mit derartigen Stoffen ist in der **Gefahrstoffverordnung (GefStoffV)** geregelt, die Beförderung im **Gesetz über die Beförderung gefährlicher Güter.**

6.5. Bewerten von logistischen Investitionen

Die Lagerkosten können nach **fixen und variablen Kosten** unterschieden werden. Zu den fixen Lagerkosten gehören z.B. Miete, Abschreibungen, Raumnebenkosten, Löhne und Gehälter für die fest angestellten Lagermitarbeiter. Variable Lagerkosten sind die Kosten, die von der Menge der gelagerten Ware abhängig sind wie z.B. Kosten auf Grund von Beschädigung oder Verderb der Ware, Zinskosten für das in Ware gebundene Kapital.
Aus den Lagerkosten ergibt sich der **Lagerkostensatz**. Der Lagerkostensatz ermittelt den prozentualen Anteil der Lagerkosten am Wert des durchschnittlichen Lagerbestands; der **Lagerhaltungskostensatz** berücksichtigt noch zusätzlich die Lagerzinsen.

7. Einkauf

7.1. Entwickeln von Einkaufsstrategien

Der Einkauf verfolgt zentrale unternehmenspolitische Ziele. Er soll die Versorgung sichern, Qualitätsstandards gewährleisten und die Kosten senken. All dies dient der Rentabilität und der Unabhängigkeit des Unternehmens. Einkauf, Verkauf und Lager stehen miteinander in Beziehung. Keine der drei Abteilungen kann eigene Ziele selbständig verfolgen und erreichen, ohne die anderen Abteilungen zu beeinflussen. Diese Beziehungen nennt man **antinomisch.** Ziel des Einkaufs sind minimale Beschaffungs- und Bestellkosten, die des Vertriebs hohe Verfügbarkeit und die des Lagers minimale Bestände und geringe Kapitalbindung.

Beschaffungsstrategien

- **Einzelquellenbeschaffung (Single Sourcing):** Beschaffung der Artikel von einem einzigen Anbieter, um günstige Preise bei großen Abnahmemengen zu erzielen. Gefahr: Abhängigkeit.
- **Doppelquellenbeschaffung (Dual Sourcing):** Beschaffung der Artikel von zwei Anbietern, um bei Ausfall eines Lieferanten abgesichert zu sein.
- **Mehrquellenbeschaffung (Multiple Sourcing):** Beschaffung bei vielen Anbietern, um die günstigsten Marktpreise zu erzielen. Hier muss der Beschaffungsmarkt ständig beobachtet werden.
- **Modulbeschaffung (Modular Sourcing):** Beschaffung von Baugruppen, denen eine Stückliste aus mehreren Einzelteilen zugrunde liegt. Im Handel selten, eher in der Automobilindustrie.
- **Lokalbeschaffung (Local Sourcing):** Regionale Beschaffung, bewirkt positives Image.
- **Globalbeschaffung (Global Sourcing):** Hoher Wettbewerb, dadurch günstige Preise. Risikoreicher durch längere Lieferzeiten, Zölle, politische und Währungsrisiken. Kosten sollen minimiert, aber Lieferfähigkeit gesichert bleiben. Abhängig von den Produkten können somit die Strategien nach **Lieferantenanzahl** oder **Lieferantendistanz** unterschieden werden.

Beschaffungspolitik: Beschaffung umfasst alle Arbeitsabläufe von der Planung des Einkaufs über die Bestellung bis zum Wareneingang. Dem Verkauf sind alle benötigten Waren in ausreichender Menge und gewünschter Qualität zum richtigen Zeitpunkt am richtigen Ort und zum richtigen Preis zur Verfügung zu stellen. Die Beschaffungspolitik eines Unternehmens legt die Grundsätze im Einkauf fest und wird von den Unternehmenszielen bestimmt. Einflussfaktoren aus den Unternehmenszielen sind die Gewinnerwartung, die Ansprüche an das Sortiment zu Preis und Qualität, ökologische Vorgaben und soziale Standards der Lieferanten und der Wille zur Kooperation mit Partnern oder zur Unabhängigkeit. Dazu kommen die speziellen Zielsetzungen der Einkaufsabteilung: Niedrige Kosten durch geringe Lagerdauer, hohe Verkaufsbereitschaft, Mengen- und Termintreue der Lieferanten und geringe Abhängigkeit von ihnen.

Beschaffungsprinzipien: Das oberste Ziel ist der hohe Lieferbereitschaftsgrad. Dazu ist es wichtig, relativ große Mengen zu beschaffen, was zu einer hohen Kapitalbindung führt. Hohe Zins- und Lagerkosten sind die Folge. Theoretisch wäre ein Lieferbereitschaftsgrad von 100% zwar erwünscht, aber in der Praxis viel zu teuer. Andererseits bieten große Bestellmengen Kostenvorteile und es kann auf einen günstigen Bestellzeitpunkt gewartet werden. Hier handelt es sich um das Prinzip der **Vorratsbeschaffung**. Sie ist im Handel die gängige Praxis. Alternative: die **Einzelbeschaffung** im Bedarfsfall. Dieses Prinzip ist im Handel eher die Ausnahme.

Qualitätsstrategie im Einkauf: Viele Unternehmen legen ihren Fokus auf eine interne Qualitätssicherung. Der Lieferant wird als Verursacher von Qualitätsproblemen häufig übersehen. Der Einkauf ist nicht nur verantwortlich für die Auswahl der Lieferanten, sondern auch für die Qualität seiner Artikel und Produkte. Er muss im Vorfeld mit den Lieferanten eine gemeinsame langfristige Qualitätsstrategie aufbauen. Heutzutage ist es üblich, vor Auftragserteilung ein Lieferanten-Audit durchzuführen. Diese Audits sollen nicht nur die Produktqualität sichern, sondern auch den Ansprüchen der Kunden gerecht werden. Für eine neutrale Bewertung der Leistungsfähigkeit eines Lieferanten gibt es verschiedene ISO DIN EN – Normen. Die Zertifizierung wird regelmäßig wiederholt. Damit soll erreicht werden, dass beim Lieferanten ein stetiger Verbesserungsprozess (KVP) stattfindet, der vom Einkauf überprüft werden kann.

Ein Handelsunternehmen kann den Einkauf **zentral bündeln oder dezentral organisieren** (*s. hierzu Kapitel 4*): Gehört das Handelsunternehmen einer **Einkaufskooperation** an, wählt es eine Mischform des Einkaufs; einen Teil des Einkaufsbudgets überlässt es der Einkaufskooperation. Dabei ist es unterschiedlich geregelt, wie weit sich das Unternehmen gegenüber der Gruppe verpflichten muss. Existenzgründer im Handel können sich auch für den Anschluss an ein Franchiseunternehmen entschließen. Dann bestimmt häufig der Franchisegeber das Sortiment – ähnlich wie beim Filialunternehmen.

7.2. Sortimentsstrategie

Das Unternehmen legt Breite und Tiefe des Warenangebots fest. Heute werden Artikel zu Sortimentseinheiten nach Vorstellungen der Kunden zusammengefasst werden, den **Categorys**. Diese Zusammenfassung spiegelt sich auch in Werbung, Verkaufsförderung und Visual Merchandising wider. **Sortimentsniveau**: Das Sortimentsniveau legt die Art der Ware in ihren Anteilen innerhalb der Preisgruppen fest. Bei der Sortimentsplanung wird bestimmt, wie viele Artikel mengen- und wertmäßig innerhalb der einzelnen Preisgruppen geführt werden. Das Sortimentsniveau ist von Betriebsform, Zielgruppe und den Beschaffungsmöglichkeiten des Unternehmens abhängig.

Sortimentsausrichtung: Das Sortiment kann sich am Material oder an der Herkunft von Produkten, am Verwendungszweck, am Bedarf einer Zielgruppe, oder an einer Preislage orientieren. **Sortimentsdynamik**: Ein Unternehmen sollte aufgeschlossen gegenüber neuen Produktentwicklungen sein. Dabei ist diese Entscheidung weitgehend von der Zielgruppe abhängig. Regelmäßige Angebotsvergleiche gehören dazu. Umgekehrt ist es möglich, sowohl Qualität als auch Preise der Produkte zu erhöhen. Diese Vorgehensweise nennt man **Trading up**. Hier hat der Einkäufer sehr großen Einfluss auf die Handelsspanne. Sinkende Einkaufspreise beeinflussen diese Spanne positiv, während der höhere Preis natürlich das Kaufverhalten der Kunden nicht entscheidend verändern sollte. In dieser Situation sollte der Einkauf langfristige Geschäftsbeziehungen mit wenigen Lieferanten anstreben, die die höhere Produktqualität auch liefern können. Soll das Leistungsniveau oder die Qualität des Sortiments verringert werden, spricht man vom **Trading down**. Normalerweise folgt daraus eine Preissenkung, was höhere Umsätze erwarten lässt.

Zu Herstellermarken bzw. Handels-/Eigenmarken: *s. Kapitel 3.5 – Handelsmarketing*

7.3. Auswählen von Lieferanten und Beschaffungswegen

Beschaffungsmarktforschung: Die Beschaffungsmarktforschung untersucht Lieferanten, Wettbewerber *(s. hierzu Kap. 4.2)*.

Auswahl von Lieferanten und Beschaffungswegen: Unmittelbar vor der Auswahl des oder der Lieferanten wird mittels einer Lieferantenbewertung der beste Lieferant ausgesucht. Eine gut funktionierende Schnittstelle zwischen Einkauf und Lieferant wird im Handel immer mehr zu einem Erfolgsfaktor. Höchste Qualität zu günstigen Preisen, hohe Verfügbarkeit, kurze Lieferzeiten und Flexibilität sind Anforderungen, die der Einkauf an den Lieferanten stellt.

Kann der Lieferant die Anforderungen nicht erfüllen, nimmt die gesamte Wertschöpfungskette Schaden. Ein funktionierendes **Lieferantenmanagement** ist relativ aufwendig, lohnt sich aber. Kosten für Lagerhaltung, zusätzliche Prüfungen im Wareneingang, Reklamationen und Nachbesserungen, oder sogar Rückrufaktionen werden durch eine optimale Lieferantenauswahl reduziert. Im Idealfall arbeiten beide Parteien so eng miteinander zusammen, dass entlang der gesamten Supply Chain Kosten reduziert werden. Nach Auswahl geeigneter Lieferanten stellt sich die Frage, welche Beschaffungswege günstig und sinnvoll sind. Der Handel kann direkt beim Hersteller die Ware kaufen. Dies können vor allem große Handelsunternehmen, die hohe Stückzahlen benötigen. Der Einzelhandel kann beim Großhandel einkaufen. Der bietet ihm ein Sortiment an und berät über Neuerungen, aktuelle Produkte und Veränderungen. Meist kann der Einzelhandel die Ware sehr schnell erhalten,

da der Großhandel ein Lager vorhält und das Lagerrisiko übernimmt. Die Bestellung von kleinen Mengen ist meist nur beim Großhandel möglich.
Mittelständische Unternehmen und Kleinbetriebe müssen heute in vielen Branchen einer Verbundgruppe, einem **Einkaufsverband oder -kontor** angehören: Sie binden sich mit einem Teil ihres Einkaufs an die Verbundgruppe und beziehen ihre Ware hierüber. Nur so ist es ihnen möglich, Einstandspreise wie die großen Filialisten zu erzielen, den Einkauf von Spezialisten durchführen zu lassen und Handelsmarken einzuführen. Die Verbundgruppe kann die Rechnungsregulierung übernehmen und gegen eine Delkrederegebühr die Haftung für die Einkäufe ihrer Mitglieder übernehmen. Diese Vorgehensweise spart Verwaltungskosten und gibt den kleinen Unternehmen Bonität. Hierbei ist die Höhe der Delkrederegebühr zu beachten, die für die Unternehmen eine Art „Sicherheitsgebühr" darstellt, um bei Folgen eines Leistungsausfalls das Risiko für alle beteiligten Partner zu minimieren.

Bei der Beschaffung im **Ausland** können die Filialisten oder Großunternehmen direkt bei den Herstellern kaufen. Erreichen sie jedoch nicht Mengen, die den Aufwand der Auslandsreisen rechtfertigen, oder kennen die Einkäufer sich nicht gut genug auf dem fremden Beschaffungsmarkt aus, ist es besser – genauso wie für kleinere Handelsunternehmen –, die Ware über einen Agenten oder beim Importeur zu beschaffen.
Bezieht das Handelsunternehmen seine Produkte von einem lokalen Hersteller aus der Region, sind die Bestell- und Lieferzeiten sehr kurz. Die Sicherheitsbestände können gering bleiben. Bei globaler Beschaffung müssen deutlich längere Lieferzeiten berücksichtigt werden. Abhilfe bietet die klassische Großhandelsfunktion: Dieser hält große Mengen benötigter Artikel auf Lager. Dies verkürzt die Lieferdauer deutlich. In allen Fällen muss sich das Unternehmen aber sehr genau über den Beschaffungsbedarf und den Beschaffungszeitpunkt im Klaren sein.

Die Bedarfsmenge wird sich oft an der verkauften Menge des Vergleichszeitraums wie z.B. Vorjahr, Vormonat, orientieren. Dabei müssen Nachfrageveränderungen berücksichtigt werden wie z.B. Mengenerhöhungen bei Trendartikeln, Reduzierungen bei einer Sättigung am Markt. Schwierig ist, die Menge bei neuen Artikeln zu bestimmen. Branchendaten oder Vergleiche mit ähnlichen Produkten können helfen.

Die Menge, die der Einkauf dann bestellt, muss nicht identisch sein mit der Bedarfsmenge, und zwar aus unterschiedlichen Gründen z.B.:

- Es sind noch Lagerbestände vorrätig:
  Bedarfsmenge – Lagerbestände = Beschaffungsmenge.
- Die Bedarfsmenge wird in kleinere Bestellmengen aufgeteilt.
- Die Bedarfsmenge unterschreitet die Mindestbestellmenge oder überschreitet die Höchstbestellmenge.

Mit zunehmender Bestellmenge sinken die **Bestellkosten**. Doch mit zunehmender Bestellmenge steigen auch die Lagerkosten wie z.B. Kosten der Lagermitarbeiter, Miete, Lagerzins. Außerdem nimmt das Risiko des Verfalls, der Beschädigung oder Alterung zu. Optimal ist die Zeitplanung, wenn die Ware zu dem Zeitpunkt geliefert wird, zu dem sie der Kunde verlangt - Just-in-Time. Dies kann im Großhandel möglich sein, doch oft muss auch der Großhandel wie der Einzelhandel grundsätzlich ein Lager vorhalten, da die Unternehmen nicht wissen, wann der Kunde die Ware benötigt. Je mehr Ware der Handel vorhält, umso sicherer ist es, dass alle Kundenwünsche erfüllt werden können, doch die Lagerkosten sind dabei sehr hoch. Bei geringen Lagerbeständen ist wiederum die Gefahr sehr groß, dass Kundenwünsche nicht erfüllt werden, und dies kann zu Umsatzverlusten führen. Mit Konventionalstrafen regeln die Vertragsparteien, welche Geldsumme (seltener: Sachleistungen) ein Vertragspartner dem anderen verpflichtet ist zu zahlen, falls eine Vereinbarung (z.B. Termin bzw. Menge) nicht eingehalten wird.

In jedem Handelssortiment gibt es Waren-/Artikelgruppen, die durch eine unterschiedliche Absatzintensität im Jahresverlauf gekennzeichnet sind. Bei einem **konstanten Absatzverlauf** können geringe Absatzschwankungen auftreten, langfristig betrachtet ist der Verlauf jedoch gleichbleibend. Bei einem **saisonbedingten Absatzverlauf** treten zu bestimmten Zeiten im Jahresverlauf besonders hohe Absatzzahlen auf. Bei einem **trendbeeinflussten Absatzverlauf** sind trotz kurzfristiger Schwankungen steigende oder fallende Entwicklungen zu beobachten. Die Kunst des Einkaufs liegt darin, den Trendhöhepunkt vorauszusehen, um bereits vor dem Saisonhöhepunkt die Beschaffungsmengen zu reduzieren. Bei Neuheiten oder Modeartikeln kann aufgrund fehlender Absatzzahlen aus der Vergangenheit auf die statistische Möglichkeit der absatzorientierten Bedarfsprognose nicht zurückgegriffen werden.

Beim **Bestellpunktverfahren** lösen Absatzzahlen die Bestellung aus. Bei jedem Verkauf wird der Lagerbestand überprüft. Die Bestellung erfolgt, wenn der Lagerbestand auf den Meldebestand abgesunken ist. Der Meldebestand ist abhängig vom Tagesabsatz und der Beschaffungszeit. Die Beschaffungszeit umfasst die Zeitspanne von der Bedarfsfeststellung bis zur Bereitstellung im Verkaufslager. Außerdem berücksichtigt der Meldebestand einen Sicherheits- bzw. Mindestbestand, der dauernd vorhanden sein soll, um z.B. unerwartete Kundennachfragen zu erfüllen, um Lieferverzögerungen auszugleichen, um Verderb zu berücksichtigen.

Beim **Bestellrhythmusverfahren** werden periodische Zeitpunkte für die Bestellung festgelegt, z.B. zum Ultimo/Monatsende, an dem die Lagerbestände überprüft werden. Bestellt wird die Differenzmenge von Höchstbestand und Ist-Lagerbestand, dabei muss der Absatz während der Beschaffungsdauer berücksichtigt werden. Der Höchstbestand wird hierbei vom Einkauf festgelegt und ist z.B. von den Lagerkapazitäten, von der optimalen Bestellmenge abhängig. Je kürzer die Zeitintervalle sind, umso höher ist die Gefahr, dass Vorteile höherer Bestellmengen nicht genutzt werden, dafür sind die Lagerkosten sehr niedrig. Bei einem **automatischen Bestellverfahren** erstellt das Warenwirtschaftssystem bei Erreichen des Meldebestandes bzw. an den Terminen des Bestellrhythmusverfahrens eine Bestellung. Beim **Bestellvorschlagssystem** zeigt das Warenwirtschaftssystem an, dass eine Bestellung erfolgen soll und der Einkauf entscheidet, ob diese ausgeführt wird. Bei **EDI** (Electronic Data Interchange) überprüft der Lieferant den Meldebestand und veranlasst eine Lieferung.

7.4. Verhandlungsstrategien

(*siehe 6.2.*)

7.5. Lieferantenbewertungen mit einer Nutzwertanalyse

Die Bewertung von Lieferanten dient der Auswahl geeigneter Lieferanten und ist eingebunden in das Lieferantenmanagement. Am Anfang steht die Identifizierung möglicher Lieferanten, danach wird - falls nötig - eine Vorauswahl getroffen. Die verbleibenden Lieferanten werden genau analysiert. Wenn der Einkauf neue Lieferantenmärkte erschließen will, ist die einmalige **Lieferantenbewertung** natürlich sinnvoll. Aber grundsätzlich sollte der Einkäufer auch seine bestehenden Lieferanten regelmäßig bewerten. Im Laufe der Zeit und langjähriger Geschäftsbeziehung können sich die Potentiale bestehender Lieferanten deutlich verändern.
Ziel ist es, die gesamte Leistungsfähigkeit von Lieferanten transparent und vergleichbar darzustellen. Mittels Gewichtung kann der Einkäufer bestimmte Kriterien priorisieren. Weitere Bewertungsmöglichkeiten sind die Checklisten-Methode, die Portfolio-Methode, einfache Noten- und Punktesysteme (= qualitative Verfahren), und das Kennzahlen-Verfahren (= quantitatives Verfahren, *s. hierzu auch Kapitel 4.2*).

8. Außenhandel

8.1. Anbahnung von Außenhandelsgeschäften

Export ist die grenzüberschreitende Bereitstellung von Waren und Leistungen. Innerhalb der EU spricht man zolltechnisch von Versand. Direkter Export ist der Verkauf an einen ausländischen Abnehmer, indirekter Export ist der Verkauf eines in Deutschland ansässigen Exporteurs ins Ausland. **Import** ist der grenzüberschreitende Bezug von Waren und Leistungen (in der EU: Eingang). Auch dieser kann direkt oder indirekt erfolgen.
Transithandelsgeschäfte sind Streckengeschäfte, die über zwei Staatsgrenzen abgewickelt werden. Beim aktiven Transithandel hat der Transithändler seinen Sitz in Deutschland, beim passiven Transithandel im Ausland. **Sonderformen** des Außenhandels sind u.a. Direktinvestitionen, aktive und passive Veredelung, Großanlagengeschäfte oder Kompensationsgeschäfte (Warentauschgeschäfte). Die Motive für Im- und Exporte sind u.a. Umsatzausweitung, Kostenersparnis, Risikoverteilung, Bedarf an Rohstoffen.

Bestimmungsfaktoren für die Auswahl von Auslandsmärkten: Das Unternehmen wird zunächst Kriterien festlegen, nach denen die Auswahl der Auslandsmärkte erfolgen soll und dann Maßnahmen zusammenstellen, mit denen man Kontakte in den ausgewählten Ländern herstellen kann. Die Länderauswahl erfolgt zunächst über ein **Vorauswahlverfahren**. Die Ausweitung des Einkaufs auf alle wichtigen Weltmärkte wird dadurch erleichtert, dass protektionistische Maßnahmen in der deutschen Wirtschaftspolitik so gut wie keine Rolle spielen. Die EU fördert die Zusammenarbeit mit vielen Ländern durch sog. **Präferenzabkommen**. Die Auswahl des richtigen Lieferanten wird von unseren Beschaffungszielen bestimmt. Quellen zur Beratung und Unterstützung sind u.a. die Industrie- und Handelskammern (IHK). Sie beglaubigen Dokumente und führen Zoll- und Außenhandelsseminare durch. Die deutschen Auslandshandelskammern (AHK) fördern die außenwirtschaftlichen Beziehungen der deutschen Wirtschaft. Der Ausstellungs- und Messe-Ausschuss der deutschen Wirtschaft (AUMA) berät im Bereich Messebeteiligung. Der Bundesverband des Deutschen Groß- und Außenhandels vertritt Exporteure und Importeure.

8.2. Außenhandelsrisiken und Geschäfte zur Risikominderung

Kundenspezifische Risiken: Das **Zahlungsrisiko**. Absicherungsmöglichkeiten sind: Vorauszahlung; Nachnahme oder COD-Verfahren (COD = cash on delivery); Zahlungsgarantie der Bank des Käufers; Dokumenten-Inkasso (nur bei Schiffstransport); Dokumenten-Akkreditiv; Private Kreditversicherung; Euler-Hermes-Deckung durch Staatsbürgschaft bzw. Staatsgarantie. Das **Fabrikations-/Annahmerisiko** bezeichnet die Gefahr, dass der ausländische Kunde einen fest erteilten Auftrag storniert oder die gelieferten Waren nicht annimmt. Abgesichert werden kann dies durch Vorauszahlung; Anzahlung; Dokumenten-Akkreditiv;

Euler-Hermes-Deckung. **Länderspezifische Risiken** liegen in der politischen Situation des Käuferlands, z.B. Krieg, Unruhen, Terror, Piraterie sowie Transfer-, Moratoriums- und Konvertierungsrisiken. Absicherungsmöglichkeiten: wie oben. Ein **Währungsrisiko** sind steigende oder sinkende Wechselkurse. Absicherungsmöglichkeiten u.a.: Vertragsabschluss in Euro; Devisentermingeschäft; Devisenoptionsgeschäft. Das **Transportrisiko** besteht darin, dass Waren während des Transports beschädigt werden, verderben oder verloren gehen. Absicherung z.B. eine Transportversicherung.

Risiken aus unterschiedlichen Rechtsnormen der Vertragspartner: Im Welthandel unterscheidet man verschiedene Rechtskreise (z.B. den deutschen oder den angelsächsischen Rechtskreis). Absicherung: Schiedsgerichtsklauseln; Vereinbarung des UN-Kaufrechts, das automatisch für Kaufverträge mit Ländern gilt, die es ratifiziert haben. **Ausfuhrrisiken**: Die mit Exportgeschäften verbundenen Ausfuhrrisiken, können deutsche Exporteure durch die Exportkreditgarantien des Bundes (sog. Euler-Hermesdeckungen) absichern. Die staatlichen Ausfuhrgewährleistungen werden gewährt in Form von Ausfuhrbürgschaften.

8.3. Spezielle rechtliche Aspekte für den Außenhandel

Das Außenwirtschaftsgesetz (AWG) und die Außenwirtschaftsverordnung (AWV) bilden die rechtlichen Grundlagen der deutschen Außenwirtschaft. Das AWG steht unter dem Gesichtspunkt der Freiheit und regelt Beschränkungsmöglichkeiten im Außenwirtschaftsverkehr. Die AWV enthält die Bestimmungen der Zollverfahren. **Meldepflichten** gemäß AWG/AWV: Der Zahlungsverkehr der Bundesrepublik Deutschland und des gesamten Euro-Raumes ist ohne Beschränkungen oder behördliche Genehmigungen möglich. Es bestehen jedoch Meldevorschriften über die ein- und ausgehenden Zahlungen im Außenwirtschaftsverkehr nach §§ 59 ff. AWV sowie über bestimmte Auslandsforderungen und -verbindlichkeiten. Diese sind an die Deutsche Bundesbank zu melden.

8.4. Rechtliche Bestimmungen des Zollwesens

Die Wareneinfuhr oder -ausfuhr aus oder nach Drittländern außerhalb der Europäischen Union muss zollrechtlich erfasst werden. Die Erfassung beginnt mit der schriftlichen Zollanmeldung. Mündliche Anmeldungen sind nur in wenigen Fällen möglich, z.B. für Reisemitbringsel, die nicht abgabenfrei sind; kommerzielle Ein- und Ausfuhrsendungen mit einem Wert bis 1.000 Euro. Bei der Einfuhr von Warensendungen mit einem Wert über 10.000 € ist ergänzend eine Anmeldung der Angaben über den Zollwert abzugeben. Der fakturierte Preis ist in Inlandswährung umzurechnen.
Die genannten **Zollverfahren** werden für folgende Abläufe eingesetzt:
Überführung in den freien Verkehr: Bei diesem Verfahren der endgültigen Einfuhr von Drittlandswaren in die EU wird aus Nichtgemeinschaftswaren nach der Zollabfertigung Gemeinschaftsware, also Ware, die zur Verwendung im Binnenmarkt freigegeben ist.

Ausfuhrverfahren: Zur Überführung in das Ausfuhrverfahren bedarf es einer elektronischen Zollanmeldung, der Ausfuhranmeldung. Die Zollstelle prüft die Anmeldung und die dazugehörige Ware und fertigt die Ware zum Ausfuhrverfahren ab. Mit einer Bestätigung der Zollstelle gelangt die Ware zur Grenze. Dort überwacht eine Ausgangszollstelle den körperlichen Ausgang der Ware aus dem Zollgebiet der Europäischen Union.

8.5. Umsatzsteuerliche Behandlung von innergemeinschaftlichem Warenverkehr

Diese unterliegt zwei unterschiedlichen Prinzipien: Dem **Bestimmungslandprinzip** im Sinne des Umsatzsteuergesetzes, also der Besteuerung einer Lieferung oder Leistung mit der Umsatzsteuer des Bestimmungslandes, wenn folgende Voraussetzungen erfüllt sind: Lieferant und Erwerber sind Unternehmer und handeln als solche. Die Handelsrechnung wird umsatzsteuerfrei unter Angabe der beiden USt.-ID-Nummern und dem Hinweis „Innergemeinschaftliche, umsatzsteuerfreie Lieferung gem. § 6 UStG" ausgestellt. Das bedeutet, dass die Umsatzsteuer der Letztverbraucher in dem Staat trägt, in dem der Endverbrauch der Lieferung oder Leistung erfolgt. Dem **Ursprungslandprinzip**: Hier erfolgt die Besteuerung mit Umsatzsteuer in dem Land, in dem die Ware gekauft wurde. Dies gilt für alle Privatkäufe innerhalb der EU.

Die statistische Meldung INTRASTAT: Die Warenlieferungen innerhalb der EU werden ohne Zollkontrollen durchgeführt. Sie zählen volkswirtschaftlich aber immer noch zum Außenhandel der Mitgliedstaaten. Deshalb müssen die Unternehmen monatlich eine sog. **Intrastatmeldung** über den Versand und den Eingang von Waren in und aus anderen EU-Staaten an das Statistische Bundesamt senden. Außerdem unterliegen beim zweiseitigen Handelskauf diese Warenverkäufe dem Bestimmungslandprinzip.

8.6. Transport, Lagerung und Versicherungen

Es ist empfehlenswert, in jedem Kaufvertrag die Lieferbedingungen gemäß den „Internationalen Regeln für die Auslegung der handelsüblichen Vertrags Formeln" (Incoterms = International Commercial Terms der International Chamber of Commerce, Paris) als rechtsverbindliche Fassung zu vereinbaren. Sie erhalten ihre Rechtsgültigkeit aber nur durch ausdrückliche Bezugnahme im Kaufvertrag, z. B. durch die Formulierung: „Lieferbedingung: FOB Hafen Hamburg - gemäß Incoterms 2020". **Aufgabe der Incoterms** ist es, eine klare und verbindliche Aufteilung folgender Bereiche zwischen Verkäufer und Käufer vorzunehmen: Welche Transportkosten hat der Exporteur bis zu welchem Ort zu tragen? Ab wann und wo hat der Importeur das Risiko des Verlusts oder der Beschädigung zu tragen? Wer hat das Ausfuhr-/ Einfuhrverfahren zu vollziehen und die Kosten zu tragen? Wer hat Aufgaben wie Dokumentenbeschaffung, Warenprüfung, Order des Transportmittels oder Benachrichtigungen zu übernehmen? Die Incoterms regeln grundsätzlich nicht den Eigentumsübergang, die Gewährleistungsansprüche, die Zahlungsbedingungen oder den Gerichtsstand. Bei den Incoterms müssen Kostenübergang und Risikoübergang nicht am gleichen Ort erfolgen. Bei allen Klauseln der Gruppe C ist der Risikoübergang im Versandland und der Kostenübergang im Bestimmungsland, also an zwei verschiedenen Orten, deshalb spricht man von **Zweipunktklauseln**. Fallen Risiko und Kostenübergang an einem Ort zusammen, wie in den E-, F- und D-Klauseln, handelt es sich um **Einpunktklauseln**.

Klauseln für alle Transportarten

EXW, Ex Works = Ab Werk benannter Lieferort: EXW stellt die Mindestverpflichtung für den Verkäufer dar. Die Klausel ist mit Vorsicht anzuwenden, da der Verkäufer gegenüber dem Käufer keine Verpflichtung hat, die Ware zu verladen. Falls er es doch tut, tut er dies auf Gefahr und Kosten des Käufers. Ist der Verkäufer besser in der Lage die Ware zu verladen, so ist es sinnvoller die FCA-Klausel zu verwenden. Ein Käufer, der von einem Verkäufer auf EXW-Basis zur Ausfuhr kauft, sollte sich bewusst sein, dass der Verkäufer gegenüber dem Käufer nicht verpflichtet ist, die Ware für die Ausfuhr freizumachen. Der Käufer muss dies elektronisch durchführen und dazu eine entsprechende EORI-Nummer haben. Der Käufer hat gegenüber dem Verkäufer nur eine eingeschränkte Verpflichtung, ihm Informationen hinsichtlich der Ausfuhr der Ware zur Verfügung zu stellen, obwohl der Verkäufer diese Information der endgültigen Ausfuhr aus der EU aus steuerlichen Gründen oder aufgrund von Meldepflichten benötigt.

Der Verkäufer (Exporteur) trägt Kosten und Risiken, bis die Ware zum vertraglich vereinbarten Zeitpunkt am benannten Lieferort bereitgehalten wird, jedoch ohne Verladung auf das abholende Beförderungsmittel und ohne eine evtl. notwendige Ausfuhrmeldung.

FCA, Free Carrier = Frei Frachtführer benannter Lieferort: Diese Klausel kann unabhängig von der gewählten Transportart verwendet werden, auch dann, wenn mehr als eine Transportart zum Einsatz kommt. Sie ist ideal für Bahn- und Flugtransporte.

Der Verkäufer (Exporteur) trägt Kosten und Transportrisiken, bis die Waren am benannten Lieferort dem Frachtführer übergeben wurden.

CPT, Carriage Paid To = Frachtfrei benannter Bestimmungsort: Der Verkäufer trägt alle Transportkosten bis zum Bestimmungsort, das Transportrisiko geht aber schon wie bei FCA am Lieferort nach Übergabe der Waren an den Frachtführer. Werden die Klauseln CPT, CIP (CFR oder CIF) verwendet, erfüllt der Verkäufer seine Lieferpflicht, sobald er die Ware dem Frachtführer übergibt und nicht erst, wenn die Ware den Bestimmungsort erreicht.

CIP, Carriage Insurance Paid To: Frachtfrei versichert benannter Bestimmungsort. Diese Lieferbedingung entspricht der Klausel CPT, nur dass der Verkäufer für den Käufer eine Transportversicherung in Höhe von 110 % des Warenwertes abschließen und die Versicherungsprämie zahlen muss (Orderversicherungspolice).

DAT, Delivered At Terminal: „Geliefert Terminal" bedeutet, dass der Verkäufer die Kosten und das Transportrisiko bis zum Terminal im benannten Bestimmungshafen oder –ort trägt, an dem die Waren entladen vom Transportmittel zur Verfügung gestellt wurde. Terminal kann jeder Ort sein, unabhängig davon, ob überdacht oder nicht.

DAP, Delivered At Place: Geliefert benannter Bestimmungsort bedeutet, dass der Verkäufer alle Kosten und das Transportrisiko trägt, bis die Ware auf dem ankommenden Beförderungsmittel entladebereit am Bestimmungsort zur Verfügung gestellt wird.
DDP, Delivered Duty Paid: Geliefert verzollt benannter Bestimmungsort: Diese Lieferbedingung stellt die Maximalverpflichtung des Exporteurs dar. Der Verkäufer trägt alle Kosten und Transportrisiken, bis er die zur Einfuhr freigemachte Ware dem Käufer am Bestimmungsort auf dem Transportmittel zur Verfügung stellt. Alle im Zusammenhang mit der Einfuhr anfallenden Steuern gehen zu Lasten des Verkäufers, sofern nicht ausdrücklich etwas anderes im Kaufvertrag vereinbart wurde. Wenn die Parteien wünschen, dass der Käufer alle Gefahren und Kosten der Einfuhrabfertigung trägt, sollte die DAP-Klausel verwendet werden.

Klauseln für den See- und Binnenschiffstransport
FAS, Free Alongside Ship: Frei Längsseite Schiff benannter Verschiffungshafen.: „Frei Längsseite Schiff" bedeutet, dass der Verkäufer alle Kosten und Transportrisiken trägt, bis er die Ware längsseits des benannten Schiffs im benannten Verschiffungshafen gebracht hat. Der Käufer trägt ab diesem Zeitpunkt alle Kosten und Gefahren. Bei containerisierter Ware ist es für den Verkäufer üblich, die Ware nicht längsseits, sondern an den Frachtführer (im Terminal) zu übergeben. In derartigen Fällen wäre die FAS-Klausel ungeeignet; besser: die FCA-Klausel.
FOB, Free On Board: Frei an Bord benannter Verschiffungshafen: „Frei an Bord" bedeutet, dass der Verkäufer alle Kosten und Transportrisiken trägt bis die Ware an Bord des vom Käufer benannten Schiffs im benannten Verschiffungshafen geliefert wird.
CFR, Cost and Freight: Kosten und Fracht benannter Bestimmungshafen. Der Verkäufer trägt alle Kosten, bis er die Waren auf dem Schiff im Bestimmungshafen dem Käufer zur Verfügung gestellt hat; das Transportrisiko der Seefracht geht aber schon wie bei FOB mit Verladung der Waren an Deck des Schiffes im Verschiffungshafen auf den Käufer über.
CIF, Cost, Insurance, Freight = Kosten, Versicherung, Fracht benannter Bestimmungshafen. Kosten- und Gefahrenübergang sind an den gleichen Orten wie bei der CFR-Klausel: Also ist der Gefahrenübergang wie bei der FOB-Klausel und der Kostenübergang ab der zur Verfügungsstellung der Waren auf dem Schiff im Bestimmungshafen. Die Waren sind wieder, wie bei CIP zu 110 % des Warenwertes für den Käufer zu versichern – die Versicherungsprämie bezahlt der Verkäufer.

Versicherungsdokumente
Eine Versicherungspolice kann als Namens-, Order- oder Inhaberpolice ausgestellt werden. Dabei sind Einzelpolicen für eine einzelne Warensendung und Generalpolicen für laufende Versicherungen (als Rahmenvertrag für alle Transporte eines Unternehmens) für einen bestimmten Zeitraum oder eine bestimmte Menge (Abschreibepolicen) gebräuchlich.

8.7. Handels- und Zollpapiere

Handelsrechnung: Die Handelsrechnung ist das wichtigste Beweisdokument eines Kaufvertrages und es gibt häufig besondere Bestimmungen des Importlandes, wie dieses Dokument ausgestellt werden muss. Arten der Handelsrechnung können sein: Die Pro-Forma Rechnung, die Beglaubigte Handelsrechnung, die Legalisierte Handelsrechnung.

Das Ursprungszeugnis wird in Deutschland von den Industrie- und Handelskammern ausgestellt, nach dem es vom exportierenden Unternehmen auf dem entsprechenden Vordruck vollständig ausgefüllt wurde. Durch entsprechende Unterlagen muss klar zu erkennen sein, in welchem Land die Ware ihren Ursprung hat. In einigen Importländern genügt auch ein entsprechender Ursprungsvermerk auf der Handelsrechnung. Ursprungszeugnisse sollen sicherstellen, dass die in gegenseitige Handelsverträge festgelegten Zollerleichterungen nur den Vertragsländern gewährt werden; sie verhindern, dass Waren aus bestimmten Ländern, die nicht zur Einfuhr zugelassen sind, eingeführt werden.
Inspektionszertifikate von neutralen Sachverständigen bescheinigen, dass sie die Waren im Auftrag des Käufers auf Menge und festgelegte Qualitätskriterien überprüft haben.
Präferenznachweise: Die EU hat zahlreiche Assoziierungsabkommen abgeschlossen, um den Handel mit diesen Ländern durch Zollpräferenzen zu fördern.

8.8. Zahlungsverkehr, Zahlungsbedingungen und Finanzierung von Außenhandelsgeschäften

Bei der Zahlungsabwicklung und den Zahlungsbedingungen bestehen zwischen Exporteur und Importeur unterschiedliche Interessen. Denn beide wollen ihre Kosten und Risiken minimieren. **Nicht-dokumentäre Zahlungsbedingungen** sind Vorauskasse, Zahlung per Nachnahme (bei Lieferung) bzw. COD-Verfahren (COD = Cash On Delivery), Lieferung auf Ziel.
Dokumentäre Zahlungsbedingungen: Zahlungsauslösende Dokumente sind Versandpapiere, Versicherungspapiere, Handels- und Zollpapiere. Zu ersteren gehören der Seefrachtbrief (Konnossement), der Internationale Eisenbahnfrachtbrief (CIM), der Internationale LKW-Frachtbrief (CMR), der Luftfrachtbrief (Air Waybill), das Multimodale Transport-Dokument.
Beim Dokumenten-Inkasso vereinbaren Exporteur (Verkäufer) und Importeur (Käufer) bei Außenhandelsgeschäften Kasse gegen Dokumente, dann erfolgt die Zahlung Zug-um-Zug-gegen Übergabe der Dokumente. Bei Schiffstransporten kann auch Kasse gegen Dokumente vereinbart werden. **Das Dokumenten-Akkreditiv** übt eine Zahlungssicherungsfunktion aus. Es ist für beide Vertragspartner die sicherste Zahlungsbedingung. Der Exporteur (Verkäufer) versendet die Ware erst nachdem ihm das Akkreditiv von seiner Bank avisiert und eventuell bestätigt wurde.

8.9. Garantien und Bürgschaften

Bankgarantien müssen immer selbstschuldnerisch sein. Die Garantie ist abstrakt, d. h. sie ist losgelöst vom Grundgeschäft. Sie ist nicht gesetzlich geregelt und deshalb besonders wertvoll im Außenhandel, da unterschiedliche Rechtsnormen keine Rolle spielen. (Die Bürgschaft dagegen ist gesetzlich geregelt und im Außenhandel nicht üblich). Der Begünstigte aus der Garantie (Avalbegünstigter) kann Zahlung aus der Garantie verlangen, wenn die Bedingungen eingetreten sind, für die sie abgegeben wurde – er muss dies aber nicht beweisen (z. B. Nichterfüllung des Vertrags); denn Garantien sind zahlbar auf erste Anforderung.

8.10. Zölle, Verbrauchsteuern, Handelshemmnisse und Organisationen zu ihrer Überwindung

Zölle sollen Einnahmen für den Staatshaushalt erbringen. Das zweite Motiv ist die Idee des Schutzzolls. Die EU- Importzölle sind eindeutig Schutzzölle. Ein Wertzoll bemisst sich nach einem bestimmten Prozentsatz des Zollwerts. Der **Mengenzoll** wird pro Mengeneinheit erhoben (z. B. Stück, Gewicht, Volumen). Für Agrargüter werden häufig gemischte Zölle erhoben. **Nicht-Tarifäre Handelshemmnisse:** Kontingente sind Mengenbeschränkungen. Embargos sind staatlich angeordnete Zwangsmaßnahmen. Technische und rechtliche Normen können so festgelegt werden, dass sie nur die heimische Industrie erfüllen kann. Eine administrative Behinderung ist z. B. Beschränkung der Zollabfertigung. Exportsubventionen sind ein Instrument der Handelspolitik, um heimische Produkte auf Weltmärkten wettbewerbsfähig zu machen.

Organisationen zum Abbau von Handelshemmnissen: Die World Trade Organisation (WTO) Freihandelsabkommen sind völkerrechtliche Verträge zwischen Staaten. Die Vertragspartner verzichten untereinander auf Handelshemmnisse und Zölle.

Index

ABC-Analyse 18, 28, 73, 77, 91
Abgaben 24
Abgestimmte Verhaltensweisen 72
Ablauforganisation 11, 12
Abmahnung 43, 44, 72
Abmahnverfahren 72
Absatzmarkt 46, 70
Absatzpolitische Instrumente 10, 55
Absatzverlauf 111
Abschlussfreiheit 87
Abschlussprüfung 33
Abschöpfungsstrategie 52
Abschreibungen 14, 15, 20, 86, 106
Abschwung 68
Abweichungsanalyse 19
Affiliate-Marketing 66
Agent 52
Agentur für Arbeit 29, 30, 31, 32
Agglomeration 54
AIDA-Formel 62
Akkordlohn 36
Akkreditiv 113, 118
Aktiengesellschaft 25, 87
Aktiva 14
Alleinstellungsmerkmal 92
Allgemeines Gleichbehandlungsgesetz 42
A-L-P-E-N-Methode 28
Amtsautorität 27
Anderskosten 14, 15
Änderungskündigung 44
Andler'sche Formel 75
Anerkennungsgespräch 38
Anfechtung 88
Anforderungsprofil 35
Angebotsüberhang 67
Anhörungrecht 44
Anlaufkosten 10, 98
Annahmeverzug 89
Ansoff 50
Arbeit auf Abruf 42
Arbeitgeber 42
Arbeitnehmer 42
Arbeitsanweisungen 22
Arbeitsbedingungen 26
Arbeitskampfmaßnahmen 45
Arbeitsklima 29, 38
Arbeitslosenquote 69
Arbeitsmarkt 29, 34, 37, 69
Arbeitsmarktforschung 29
Arbeitsplatzbeschreibung 35
Arbeitsproben 30, 35
Arbeitsrecht 42
Arbeitsschutz 23, 41, 84
Arbeitsschutzbestimmungen 43
Arbeitsstättenverordnung 84
Arbeitsvertrag 42
Arbeitszeitbestimmungen 35
Arbeitszeiten 36
Arbeitszeitgesetz 43
Arbeitszeitmodelle 29
Arbeitszeugnis 33
Assessmentcenter 30, 35, 36
Auditierung 23
Aufbauorganisation 11, 12
Aufgabenanalyse 11
Aufgabensynthese 11
Auflösung durch Urteil 44
Aufschwung 68
Auftragsvergabe 73, 104
Auftragsvolumen 11
Aufwendungen 10, 14, 36
Aufwendungsersatz 89
Auktionen 76, 77

Ausbilder 31, 32, 33, 43
Ausbildungsbeauftragte 31
Ausbildungsbedarf 30
Ausbildungsberufe 30
Ausbildungsmarkt 32
Ausbildungsordnung 31
Ausbildungsrahmenplan 31, 32
Ausbildungsrahmenpläne 31
Ausfallbürgschaft 21
Ausfuhrbürgschaften 114
Ausfuhrkreditversicherung des Bundes 114
Ausfuhrverfahren 115
Ausgleichsabgabe 43
Auslieferungslager 75
Ausschreibung 29, 104
Ausschreibungen 113
Außenfinanzierung 20
Außenhandelsrisiko 113
Außenlager 102
Außenwirtschaft 114
Außenwirtschaftliches Gleichgewicht 68, 69
Außenwirtschaftsgesetz 114
Außergewöhnliche Belastungen 24
Außerordentliche Kündigung 44
Aussperrung 45
Ausstellungs- und Messe-Ausschuss ... 113
Auswahlverfahren 31
Automatisches Bestellverfahren 112
Autoritärer Führungsstil 27
Avalkredit 20
Balanced Scorecard 19, 36, 70, 77
Balkendiagramme 12
Bankkredit 20
Basisstrategien 50
Bedarfsermittlung 35
Bedarfsmengenermittlung 74
Befragung 49, 50
Befundsrechnung 86
Behindern 71, 72
Belästigende Werbung 71
Belästigung 71
Belegplan 31
Benchmarking 19
Beobachtung 36, 38, 41, 49
Berufliche Handlungskompetenzen 26
Berufsausbildung 43
Berufsausbildungsverhältnis 43
Berufsgenossenschaft 9
Berufsschule 31, 43
Berufsschulpflicht 31
Beschaffenheit 71
Beschaffung 11, 21, 46, 48, 73, 74, 75, 79, 107, 110
Beschaffungslogistik 101
Beschaffungsmarkt 73, 74, 76, 107, 110
Beschaffungsmarktforschung 76, 109
Beschaffungspolitik 73, 107
Beschaffungsprozess 75, 78
Beschäftigungsbeschränkungen 43
Beschäftigungsverbote 43
Beschwerdemanagement 59, 96
Beseitigung 23, 70, 72
Bestandsdifferenzrechnung 86
Bestellkosten 75, 107
Bestellmenge 111
Bestellpunktverfahren 111
Bestellrythmusverfahren 111
Bestimmungslandprinzip 115
Beteiligungsfinanzierung 20
Betriebliche Ausbildungspläne 31
Betriebliches Eingliederungs-management 41
Betriebliche Übung 42
Betriebsergebnis 10
Betriebsformen ... 47, 53, 54, 55, 56, 60, 91
Betriebshörigkeit 44

Betriebsrat 44
Betriebsversammlung 45
Beurteilungen 33
Beurteilungsfehler 34
Beurteilungsgespräch 34
Beurteilungssystem 34
Beurteilungsverfahren 33
Beweislastumkehr 89
Bewerbung 29, 30, 36
Bewertungsmethoden 10
Beziehungsebene 40
Bilanz 14
Bilanzregel 21
Binnenmarkt 69, 114
Biorhythmus 28
Blended Learning 36
Bonanalyse 96
Bonität 110
Boom 68
Bottom Up 14
Break-Even-Point 17
Bringschulden 89
Bruttoinlandsprodukt 66
Bückzone 96
Budgetierung 19
Bundesimmissionsschutzgesetz 23
Bundeskartellamt 68, 72
Bundesurlaubsgesetz 43
Bürgschaft 20, 21, 119
Business Improvement Districts 55
Businessplan 9
Cafeteria-System 37
Cash & Carry 47
Cash Flow 19
Categories 60
Category 80, 94, 96, 97, 98, 105, 108
Category Management .. 80, 94, 96, 97, 98
CI 13
click & collect 64
COD-Verfahren 113, 118
Compliance 105
Conceptstore 47
Consumer Benefit 61
Consumer Promotion 58
Controlling 18, 19, 34, 59, 70
Corporate Behaviour 13
Corporate Communication 13
Corporate Design 13
Corporate Governance 13, 22
Corporate Identity 13, 26, 53
Cross Docking 79, 80
Customer (Lifetime) Value 65
Customer Relationship Management 59, 92
Dachmarkenstrategie 58
Darlehen 21, 37
Data-Mining 93
Data-Warehousing 93
Deckungsbeiträge 17
Deckungsbeitragsrechnung 17
Deflation 68
Delegation 26, 27
Delkrederegebühr 101, 110
Demand Side 80, 105
Depression 68
desk research 49
Deutsche Auslandshandelskammern .. 113
Devisenoptionsgeschäft 114
Devisentermingeschäft 114
Differenzierung 30, 50
Differenzkalkulation 18
Direktgeschäft 101
Direktinvestitionen 113
Direktwerbung 62
Diskriminierung 42
Disposition 11
Distribution 10, 48, 79
Diversifikation 50

Dokumenten-Akkreditiv 113, 114, 118
Duale Ausbildung 31
Dual Sourcing 107
E-Commerce 47, 64, 65, 66
Edifact 103
EDIFACT 79
Efficient Assortment 80, 97, 105
Efficient Consumer Response 79, 80, 96, 105
Efficient Product Introduction 80, 81, 97, 105
Efficient Promotion 80, 81, 97, 105
Efficient Replenishment 77, 79, 80, 97
Efficient Unit Loads 79, 80
Ehegattensplitting 24
Eigenkapital 20, 21
Eigenlager 102
Eigenschaftsirrtum 88
Eigentransport 81, 82, 105
Eigentumsvorbehalt 21
Eignung zur Ausbildung 43
Einigungsstelle 45
Einkaufsgenossenschaften 48
Einkaufskooperation 47, 76, 108
Einkaufsverband 110
Einkommensteuer 24
Ein-Linien-System 12
Einpunktklauseln 116
Einstandspreis 101, 110
Einstweilige Verfügung 72
Einverständnis 71
Einzelbeschaffung 108
Einzelkosten 15
Einzugsgebiet 54
Eisenbahnfrachtbrief 118
Eisenhower-Prinzip 28
Elastizität 67
Electronic Data Interchange ... 79, 103, 112
Elektronische Marktplätze 65
Emission 23
employerbranding 29
Engpassrechnung 18
Entgeltfortzahlungsgesetz 43
Entgeltsysteme 36
Entscheidungsweg 12
Entsorgung 83
Erfa-Gruppen 48
Erfahrungskurveneffekt 17
Erfüllungsgeschäft 88
Ergänzungsprüfung 33
Ergebnisrechnung 18
Erlöse 17
Ernährungsberatung 41
Erträge 14
Ertragsplan 10
Ertragswertmethode 10
Euler-Hermes-Deckung 113
Europäische Wirtschafts- und Währungsunion 69
Europäische Union 70
Europäische Zentralbank 68
Eventmarketing 63
EWWU 69
Existenzgründer 42
Existenzgründung 9, 10
Experiment 49
Export 47, 69, 113
Exportsubventionen 119
Externe Beschaffungsmethoden 30
Externes Personalmarketing 29
Fabrikationsrisiko 113
Factoring 20
Feedbackgespräch 38
Feedbackgespräche 32
Feinlernziel 32
Fernabsatzgeschäft 88
field research 49
Fifo 87

Finanzamt 9, 14
Finanzierung 10, 18, 20, 55, 118
Finanzierungsplan 10
Finanzierungsregel 21
Finanzplan 20
Finanzplanung 19
Firmenwert 10
Fixe Kosten 15, 16, 17
Fixgeschäft 89
Fixkosten 10
Fixkostendegression 16
Fluktuation 29, 30
Fluss-Diagramme 12
Fördergespräch 37
Forderungsverkauf 20
Forderungszession 21
Formfreiheit 87
Forming 39
Formzwang 87
Fortschreibungsmethode 86
Frachtführer 82, 105, 116, 117
Franchise 48
Franchiseunternehmen 108
Franchising 92
Freihandelsabkommen 119
Freiplatzsystem 85
Fremdfinanzierung 21
Fremdkapital 20
Fremdlager 102
Fremdtransport 81, 105
Frequenz 54
fristlose Kündigung 44
Führung 12, 22, 26, 27
Führungsaufgaben 26, 38
Führungsgrundsätze 26
Führungsinstrumente 27
Führungsstile 26
Führungstechniken 27
Funktionsrabatte 99
Garantie 20, 89, 100, 119
Garantien 119
Gefahrstoffverordnung 84, 106
Gegenstromverfahren 14
Geldwert 68
Gemeindesteuer 24
Gemeinkosten 15, 16
Gemeinschaftsware 114
Generalklausel 70
Genossenschaft 25
Geotargeting 66
Gericht 72
Geringfügige Beschäftigung 42
Geschäftsbedingungen 76, 88
Geschäftsfähigkeit 87
Geschäftsidee 9
Geschäftsübernahme 10
Gesellschaft bürgerlichen Rechts 25
Gesellschaft mit beschränkter Haftung 25
Gesetzgeber 55, 70
Gesetz gegen den unlauteren Wettbewerb 70
Gesetz gegen Wettbewerbsbeschränkungen 70, 72
Gesprächsführung 40
Gesprächstechniken 40
Gesundheitsschutz 41
Gewährleistung 71
Gewerbeanmeldung 9
Gewerbesteuer 24
Gewinnabschöpfung 72
Gewinnschwelle 17
Gewinnthesaurierung 20
Gewinn- und Verlustrechnung 14
Gläubigerverzug 89
Gleichgewichtspreis 67
Gleichgewichtspunkt 67
Globalisierung 70, 104

Global Location Number ... 78
Global Sourcing ... 107
Global Trade Item Number ... 78
Goldene Bilanzregel ... 21
Goldene Finanzierungsregel ... 21
Grenzkosten ... 17
Groblernziel ... 32
Großanlagengeschäfte ... 113
Großmarkt ... 52
Grundkosten ... 15
Gründungskosten ... 10
Guerilla Marketing ... 62
Günstigkeitsprinzip ... 42
GWB ... 70, 72
Halo-Effekt ... 34
Handelsfachwirt ... 5, 33
Handelshemmnisse ... 119
Handelsmarken ... 48, 57, 58, 99, 101, 110
Handelsrechnung ... 115, 118
Handelsregister ... 9, 25, 87
Handelsverband ... 63
Handelsvertreter ... 51, 52
Handlungsanweisungen ... 14
Handlungsvollmacht ... 25
Herstellungsart ... 71
Hifo ... 87
Hochpreisstrategie ... 52, 99
Holschulden ... 89
Horizontale Kooperation ... 13
Hub and Spoke System ... 82
Hypothekarkredit ... 21
Image ... 37, 41, 46, 57, 62, 92, 107
Import ... 113
Importeur ... 69, 76, 110, 115, 118
Improvisation ... 11
Impulskäufe ... 95
Incoterms ... 76, 104, 115, 116
Individuallauf ... 95
Industrie- und Handelskammern ... 113
Inflation ... 68, 69
Informationslogistik ... 103
Informationsorganisation ... 11
Informationsrechte ... 44
Informelle Gruppen ... 38
Inhaltsfreiheit ... 87
Inhaltsirrtum ... 88
Inlandsprodukt ... 68
Innenfinanzierung ... 20
Innenlager ... 102
Innovation ... 57
Inspektionszertifikate ... 118
Integrierte Managementsysteme ... 23
Interne Beschaffungsmethoden ... 30
Internes Personalmarketing ... 29
Internethandel ... 47
Interpersonelle Konflikte ... 40
Intramediaselektion ... 61
Intrapersonelle Konflikte ... 40
Intrastat ... 114, 115
Inventur ... 86, 104
Inventurverfahren ... 86
Investitionsrechnung ... 18
Irreführung ... 71
Istkostenrechnung ... 15
Job-enlargement ... 37
Job-enrichment ... 37
Job-rotation ... 37
Jugendarbeitsschutzgesetz ... 43
Jugend- und Auszubildenden-
vertretung ... 45
Just-in-time ... 84
Kaizen ... 22
Kalkulation ... 11, 16, 18, 19, 55, 99
Kalkulatorische Kosten ... 14
Kannibalisierungseffekt ... 92
Kapitalbedarf ... 10
Kapitalumschlag ... 18
Kartellgesetz ... 70

Kasse gegen Dokumente 118
Kassenzufluss 20
Käufermarkt 46
Kaufkraft 54
Kaufmann/Kauffrau im Einzelhandel ... 30
Kaufmann/Kauffrau im Großhandel 30
Kaufvertrag 88, 89, 90, 115, 117
Kennzahlen 14, 18, 20, 66, 73, 78, 98, 112
Key Account-Management 91
Key Account Manager 91, 92
Kleinbetragsrechnungen 25
Kommanditgesellschaft 25
Kommanditist 25
Kommissionär 52, 76
Kommunikation 10, 13, 18, 26, 40, 41, 92, 93, 98
Kommunikationspolitik 51, 63
Kommunikationsstrukturen 39
Kompensationsgeschäfte 113
Kompetenz 11
Komplementär 25
Konditionenpolitik 99
Konfliktgespräch 37
Konfliktmanagement 26, 40
Konjunktur 68
Konnossement 118
Konsignationslager 102
Konsumentenrente 67
Kontingente 119
Kontokorrentkredit 20
Kontrahierungspolitik 55
Kontrollfunktion 14
Konvergenzkriterien 69
Konzentrationsstrategie 50
Konzentrationsverfahren 49
Kooperationen 13, 47, 62
Kooperativer Führungsstil 26
Kostenarten 14
Kostenkalkulation 11
Kostenremanenz 16
Kostenstellen 14
Kostenträger 16
Kostenträgerstückrechnung 16
Kostenträgerzeitrechnung 16
Krankenkasse 9
Kreditkauf 21
Kreditpolitik 100
Kreditsicherheiten 21
Kreislaufwirtschaftsgesetz 23, 83
Kritikgespräch 37
Kritischer Pfad 13
Kunde 11, 20, 22, 23, 24, 26, 46, 48, 49, 51, 53, 54, 55, 56, 58, 59, 60, 61, 63, 64, 71, 75, 76, 79, 80, 81, 83, 85, 91, 92, 93, 94, 95, 96, 97, 98, 101, 102, 103, 105, 108, 109
Kundenanalyse 48, 93
Kundenbedürfnisse 97
Kundenbindung 11, 19, 65, 92, 93, 94, 97
Kundenfläche 95
Kundenlaufstudien 95
Kundenleitsysteme 60
Kundenorientierung 23, 93
Kundenspezifische Risiken 113
Kundenzufriedenheit 36, 65, 92, 93, 97, 98
Kündigung 38, 43, 44, 87
Kündigungsschutzklage 44
Kurzfristige Ziele 13
Ladenbau 60
Ladeneinrichtung 10
Ladengestaltung 11
Ladungssicherung 22
Lagerhaltung 75, 78, 81, 82, 84, 85, 102, 109
Lagerhaltungskostensatz 86, 106

Lagerkennzahlen 74, 77
Lagerkosten 73, 75, 85, 106, 108, 111, 112
Lagerordnung 85
Lagerorganisation 84
Länderauswahl 113
Last Call 104
Laterale Kooperation 13
Laufbahnplanung 37
Leasing 21
Lehrgespräch 35
Lehrplan 31
Leistungslohn 36
Leitbild 13, 93
Lernerfolgskontrollen 36
Lernkooperation 31
Lernschwierigkeiten 32
Lernziel 32
Lernziele 32, 35
Lieferantenauswahl 11
Lieferantenbewertung 76, 109, 112
Lieferantenkredit 20
Lieferantenmanagement 109
Lieferkette 79
Lieferpolitik 99
Lieferverzug 89
Lifestyletypen 94
Lifo 87
Liquidation 25
Liquidität 10, 18, 19, 20, 69, 73
Liquiditätsplan 10
Listenpreis 18
LKW-Frachtbrief 118
Lobbying 63
Local Sourcing 107
Lockvogelangebote 71
Logistik 22, 23, 48, 51, 73, 75, 82, 97, 101, 103
Logistikcontrolling 19, 77
Logistikkette 77, 101
Luftfrachtbrief 118
Magisches Viereck 68
Mahnung 89
Make or Buy 16, 82
Management 13
Management by Delegation 27
Management by Exception 27
Management by Objectives 27
Managementprozess 94
Management-Regelkreis 13
Mängel 85, 103
Mängelhaftung 89
Manipulationslager 102
Markenpolitik 57
Markenrecht 72
Markenschutz 72
Marketingbudget 70
Marketingcontrolling 70
Marketinginstrumente 29, 47, 51, 52, 65, 70
Marketingkonzeption 10
Marketing Mix 51
Marketing-Mix 59, 70
Marketingplanung 70
Marketingstrategien 50, 51
Marktanalyse 49, 91
Marktanteil 48, 50, 91, 98
Marktbeobachtung 49
Marktdurchdringung 50, 52
Marktentwicklung 50
Marktforschung 48
Marktlücken 10, 49
Marktpotenzial 48
Marktpreise 10, 107
Marktprognose 49
Marktsegmentierung 50, 51, 59
Marktstärke 72
Marktverhalten 71

Marktvolumen 9, 48, 98
Marktzugang 69
Matrixorganisation 12
Mediaplanung 61
Mediaselektion 61
Mehrdimensionale Organisation 12
Mehrfachplatzierung 96
Mehr-Linien-System 12
Meilensteine 39
Meldebestand 112
Meldepflichten 114
Mengenrabatte 99
Mengenzoll 119
Messen 29, 52
Metaplan-Methode 41
Methodenkompetenz 26
Mezzanine-Kapital 20
Mietvertrag 54
Mindestlohngesetz 42
Mindestreserve 68
Mischkalkulation 55, 99
Mitarbeiterauswahl 30
Mitarbeiterbeurteilung 36
Mitarbeitergespräch 37, 38
Mitbewerber 19, 26, 29, 48, 49, 52, 54, 56, 63, 64, 71, 72
Mitwirkung 44
Moderationstechnik 41
Modular Sourcing 107
Monopol 67, 72
Motivation 26, 27
Multi-Channel-Strategie 92
Multimodaler Transport 118
Multiple Sourcing 107
Mutterschutzgesetz 43
Nachbesserung 89
Nacherfüllung 89
Nachfolgeplanung 37
Nachfrageüberhang 67, 68
Nachweisgesetz 42
Nebentätigkeiten 43
Nettobedarf 34
Netzpläne 12
Nichtgemeinschaftswaren 114
Nicht-Tarifäre Handelshemmnisse 119
Niedrigpreisstrategie 52, 99
Nikolauseffekt 34
No-names 58
Normalkostenrechnung 15
Normstrategien 22, 50
Nötigung 71
Nutzwertanalyse 77, 112
Offene Handelsgesellschaft 25
Öffentlichkeitsarbeit 63
Öffnungsklauseln 42
Öko-Audit 23
Oligopol 67
Online-Shops 64
Operativ 13
Operative Planung 14, 19
Optimale Bestellmenge 75
Ordentliche Kündigung 44
Organigramm 12, 35
Organisation 11, 22, 39, 63, 75, 81, 92, 93, 97
Organisationseinheit 12
Outsourcing 10, 74
Overreporting 50
Pacht 10
Pachtvertrag 10
Pachtzins 10
Panel 49, 97
Paneleffekt 49
Panelsterblichkeit 50
Passiva 14
Penetrationsstrategie 52
Performing 39

Permanente Inventur 86
Personalakte 30, 38
Personalbedarfsplanung 34
Personalberater 29, 30
Personalbeschaffung 29, 34
Personalcontrolling 36
personale Autorität 26
Personaleinsatzplanung 35
Personalentwicklungsinstrumente 37
Personalentwicklungsmaßnahmen 35
Personalfragebögen 42
Personalführung 26
Personalinformationssystem 36
Personalinformationssysteme 36
Personalkennziffern 36
Personalkostenplanung 35
Personalmarketing 29
Personalquote 34
Persönlichkeitsautorität 27
Persönlichkeitskompetenz 26
Plankostenrechnung 15
Planungsrechnung 14
Polypol 67
Porter 50
Portfolioanalyse 19, 77, 91, 93
Portfolio-Analyse 50, 70
Positionierung 50, 53
Präferenzabkommen 113
Präferenznachweise 118
Prämien 36, 58
Präsentationstechniken 41
Preisabsprachen 72
Preisangabenverordnung 71
Preisbereitschaft 11
Preisbildung 99
Preisdifferenzierung 56, 99
Preisfindung 11, 14
Preisführerschaft 50, 55, 98
Preisgestaltung 10, 11, 55, 57, 98, 99
Preislinien 55
Preispolitik 47, 51, 52, 55
Preispolitische Strategien 99
Preisschwellen 56
Preis- und Konditionenpolitik 99
Preisuntergrenze 16, 17, 18
Pressearbeit 63
Primäre Kosten 15
Primärforschung 49
Privatverkauf 71
Probezeit 32, 33, 42
Product-Placement 62
Produktentwicklung 50, 81, 98
Produkthaftung 89
Produktionsfaktoren 66
Produktionsmenge 17
Produktlebenszyklus 47, 58, 70, 92
Profilierung 38, 53, 57
Pro-forma Rechnung 118
Programmabläufe 12
Projektmanagement 39
Prokura 25
Provision 36, 52
Prozesse 12
Prozesskostenrechnung 15
Prozessorientierung 23
Public Relations 63
Pufferzeiten 27
Push- oder Pull-Marketing 52
QR-Code 104
Qualitätsmanagement 22
Quotenverfahren 49
Rabatte 11, 56, 58, 76
Rack Jobber 47, 48, 52
Radio Frequency Identifikation 78
Random-Verfahren 49
Rangfolge der Rechtsquellen 42
Reason Why 61
Rechnungswesen 14

Rechtsprechung 70
Regeln 11
Regionallager 75, 102
Reisende 51
Reizauslöser 95
Rentabilität 14, 18, 20, 98, 107
Reservelager 102
Retouren 64, 65
Return on Investment 18
Rezession 68
RFID 46, 78, 79, 80, 82, 104
Richtlernziel 32
Risikomanagement 22
Rohertrag 57
Rückkehrgespräch 38
Rückstellungen 20, 22
Rückwärtskalkulation 18
Sachebene 40
sale-and-lease-back 20
Sales Promotion 58
Schadensersatz 89
Schadensersatzanspruch 72
Schickschulden 89
Schleichwerbung 71
Schlüsselkunden 91
Schlüsselqualifikationen 32
Schneeballsystem 71
Schuldenberatung 41
Schuldnerverzug 89
Schulungen 31, 32
Schulz von Thun 40
Schutzzölle 119
Schwerbehinderte 43
Schwerbehindertenvertretung 45
Sekundäre Kosten 15
Sekundärforschung 49
Selbstkosten 14
Selbstkostenpreis 16
Selbstverständlichkeiten 71
Separationsstrategie 64
Serviceleistungen 47, 59, 65, 66
Servicepolitik 51, 55, 58, 77
Shoppingcenter 47
Sicherungsübereignung 21
Single Sourcing 107
Situativer Führungsstil 27
Skimmingstrategie 52
Skontrationsmethode 86
SMART-Formel 13
Social-Media 30, 31, 66
Sonderangebote 55, 56, 71
Sonderausgaben 24
Sortiment 10
Sortimentsauswahl 11
Sortimentsdimension 57
Sortimentsexpansion 57
Sortimentsgestaltung 80, 98
Sortimentsgroßhandel 47, 65
Sortimentsniveau 57
Sortimentspolitik 17, 18, 48, 51, 56, 57
Sortimentsstrategien 94, 108
Sortimentsvariation 57
Sourcing- Strategien 76
Soziale Rechtfertigung 44
Soziallohn 37
Spediteur 82, 105
Speziallager 102
Sponsoring 63
Sprungfixe Kosten 16
Stab-Linien-System 12
Stabsstellen 12
Staff Promotion 58
Stakeholder 46
Standortmarketing 53
Standortpolitik 51
Steigbügelhalter 91
Stelle 12

Stellenanzeige 30
Stellenausschreibungen 30
Stellenbeschreibung 12, 26, 30, 31, 35, 37
Stellenbesetzungsplan 35
Stellenplan 35
Stellvertretung 12
Steuertabelle 24
Stichprobe 49
Stichprobeninventur 86
Stichtagsinventur 86
store erosion 47
Storming 39
strategische Geschäftseinheiten 94
Strategische Geschäftseinheiten 50
Strategische Planung 13
Strategische Ziele 13
Streckengeschäft 51, 64, 79
Streik 45
Strichcode 78, 104
Stückkosten 17
Substanzwertmethode 10
Substitutionsprinzip 12
Suchmaschinen-Optimierung 65
Suchtprobleme 41
Suchzeiten 95
Supply Chain 77, 80, 97, 101, 105, 109
Supply Chain Management 77, 97
Supply Side 80, 105
SWOT-Analyse 19, 22, 29, 50, 91
Taktische Ziele 13
Target Costing 19
Tarifvertragsrecht 45
Täuschung 71
Tausenderpreis 61
Taxonomie 32, 35
Teamentwicklung 38
Teilerhebung 49
Teilkostenrechnung 15, 16, 17
Teilzeitbeschäftigung 42
Telefonwerbung 71
Tendenz zur Milde 34
Tensororganisation 12
Termingeschäft 89
Tod des Arbeitnehmers 44
To-do-Liste 27
Tonality 61
Total Quality Management 23
Tourenplanung 51, 81, 105
Trade Promotion 58
Trading down 57, 109
Trading up 57, 109
Training-on-the-job 31
Transithandel 113
Transithandelsgeschäfte 113
Transport 78, 79, 81, 82, 83, 85, 105, 106, 115, 118
Transportprozesse 81
Transportrisiko 114
Transportsteuerung 105
Transportversicherung 114
Trendforschung 56
Trends 46, 73
Trennungsgespräch 38
Überführung in den freien Verkehr 114
Umfeldanalyse 48, 91
Umsatzsteuer 24, 56, 115
Umweltanalyse 19
Umweltmanagement 23
Umweltschutz 23, 32, 83
Underreporting 50
Unique Selling Proposition 9, 50, 92
Unlautere geschäftliche Handlungen 70
Unterlassen 71
Unterlassung 72
Unterlassungserklärung 72

Unternehmensführung 26, 53
Unternehmenskauf 10
Unternehmensleitbild 26
Unternehmensziele 13
Unternehmergesellschaft haftungsbeschränkt 25
Unternehmerlohn 9
Unterweisungen 32
Unzulässige Fragen 42
Urheber 72
Urheberrecht 72
Ursprungslandprinzip 115
Ursprungszeugnis 118
UWG 70, 71
Variable Kosten 15, 17
Vendor-Managed Inventory 74, 79
Verband 72
Verbraucherschutz 46, 70
Verbraucherverband 72
Verbundkäufe 95
Verbundplatzierung 96
Vergleichende Werbung 71
Vergütungsformen 29
Verhaltensbedingte Kündigung 44
Verjährung 90
Verkäufermarkt 46
Verkaufsfläche 48, 64, 83, 95
Verkaufsförderung 55, 58, 60, 98, 108
Verkaufskonzepte 51
Verlegte Inventur 86
Vermittlungsgeschäft 101
Verpächter 10
Verpackungsgesetz 83
Verpflichtungsgeschäft 88
Versandhandel 47, 48, 51
Versetzungen 30, 33
Versetzungsplan 31
Versicherungsdokumente 117
Verteilerschlüssel 16
Vertikale Kooperation 13
Vertragsfreiheit 87
Vertragsstrafe 72
Vertriebsstrategien 91
Verzug 89
Virales Marketing 62
Virtuelle Marktplätze 76
Vision 13
Visualisierung 12
Visual Merchandising 59, 108
Volkswirtschaftliche Gesamtrechnung . 66
Vollbeschäftigung 68, 69
Vollerhebung 49
Vollkommener Markt 67
Vollkostenrechnung 15, 16
Vorratsbeschaffung 108
Vorratslager 102
Vorstellungsgespräch 30, 31, 42
Vorsteuer 24
Vorwärtskalkulation 18
Währung 69
Währungsrisiko 114
Warenausgangskontrolle 103
Warenbestand 10, 85, 86
Wareneingangskontrolle 85
Wareneinsatz 10, 86
Warenfläche 95
Warenfluss 53, 79, 80, 101, 103
Warenflusssteuerung 79
Warengruppenmanagement 92, 94
Warenmanipulation 103
Warenplatzierung 95
Warenpräsentation 48, 59, 81, 98
Warenwirtschaftssystem 78, 79, 80, 84, 97, 103, 105, 112
Wechselkurs 69
Weihnachtsgeld 42
Weisungsrecht 42
Werbebotschaft 61, 62

Werbeerfolgskontrolle 62
Werbeetat 61
Werbeklarheit 71
Werbekonzeption 61
Werbekosten 11
Werbemittel 61, 62
Werbeträger 31, 61, 62
Werbewahrheit 71
Werbeziele 61, 91
Werbungskosten 24
Werk 72
Werkverkehr 105
Wertschöpfungskette 18, 77, 79, 80, 96, 97, 106, 109
Wertzoll 119
Wettbewerb 70, 72
Wettbewerber 9, 104, 109
Wettbewerbsanalyse 48
Wettbewerbsrecht 70
Wettbewerbszentrale 72
Wheel of retailing 47
Widerrufsrecht 88
Willenserklärung 87, 88
Wirtschaftlichkeit 14
Wirtschaftsausschuss 45
World Trade Organisation 119
XYZ- Analyse 18, 73, 74
Zahlungsbedingungen 99, 116, 118
Zahlungsfähigkeit 10
Zahlungsrisiko 113
Zahlungsverkehr 114, 118
Zahlungsverzug 89
Zeitdiebe 28
Zeitfresser 28
Zeitlohn 36
Zeitplansystem 28
Zeitrabatte 99
Zeit- und Selbstmanagement 27, 29
Zentraleinkauf 75
Zentralität 54
Zentrallager 75, 79, 102
Zielgruppe 9, 47, 48, 49, 51, 59, 63, 92, 93, 98, 109
Zielgruppenbestimmung 61
Zielvereinbarung 34, 35
Zielvereinbarungsgespräch 38
Zölle 119
Zollwert 114
Zufallsauswahlverfahren 49
Zusammenschluss 72
Zusatzkosten 14, 15
Zustimmung 44
Zuwiderhandlung 72
Zweckaufwand 14
Zweipunktklauseln 116

Die dürfen Fachwirte mit in die IHK-Prüfung nehmen:

In dieser speziellen Gesetzessammlung finden Sie 64 (Stand 2021) gesetzliche Vorschriften, die für alle Fachwirte von Belang sind, teilweise in Auszügen. Vom Allgemeinen Gleichbehandlungsgesetz über BGB, HGB, Arbeits- und Wettbewerbsrecht bis zur Zivilprozessordnung.

Ihr Vorteil:

- Alles in einem Band
- Mit Querverweisen auf andere Gesetze
- **Jährlich aktualisiert**
- Detaillierte Inhaltsübersicht mit den einzelnen Paragrafen

Gesetzestexte für Fachwirte, 1505 Seiten, 22 €
ISBN 978-3-948633-23-3